휴학하고 떠난 37일간의 나 혼자 전국 건축 배낭 여행기
어차피 사라질 연골이라면

두망, 찍고 쓰다

일러두기
1) 책의 배경이 되는 여행의 시점은 2018년도 가을입니다.
2) 책에서 나오는 장소와 공간의 명칭은 〈〉를 사용하여 표기하였습니다.
3) 책에서 사용된 대화문은 " "을 사용하여 구분하였습니다.
4) 책에 사용된 사진은 모두 작가가 여행을 하며 직접 촬영한 사진입니다.

PROLOGUE
프롤로그

"엄마, 나 휴학할래!"

드디어 말하고야 말았다. 이번 학기를 보내면서 겪은 엄청난 스트레스와 피로감 그리고 내년에 졸업한다는 부담감이 겹쳐 나에게는 휴식이 필요하다는 것을 절실하게 느끼게 되었다. 하지만 건축학과는 5년제라 다른 학과보다 학교를 1년 더 다녀야 한다는 부담이 있었고, 얼른 졸업해서 당당한 사회인으로 출가(?)하길 바라는 엄마를 설득하려면 구체적인 계획과 상당한 에너지가 필요할 것이었으므로 나름대로 만발의 준비를 하며 기회가 오기를 기다렸다.

드디어 결전의 날! 가족끼리 산책을 나왔다가 아빠와 동생은 앞서 걸어 가버리고 엄마와 둘이서 걸을 수 있는 시간이 왔다. 기회를 놓치지 않고 준비했던 '그 말'을 던진 다음 엄마의 공격(?)에 대비한 변명을 늘어놓기 위해 머리를 굴리는 와중이었다.

"그래 그렇게 해."

생각지도 못한 답변에 놀라서 엄마의 얼굴을 빤히 쳐다보았다. "너 이번 연도에 하는 거 보니까 맨날 밤새우고 사람 사는 게 아니더라. 좀 쉬면서 엄마하고 이렇게 놀기도 하고 살도 좀 빼자. 너도 이제 좀 쉴 때가 됐어."

엄마는 좀비처럼 다크서클이 무릎까지 내려와서 돌아다니는 아들의 모습을 보며 휴식이 필요하다고 어느 정도 예상은 했나 보다. 그렇게 휴학은 엄마의 허락을 등에 업은 채로 일사천리로 진행되었고, 내가 누구보다 빠르게 졸업하고 학교를 떠날 거라 생각했던 동기들은 놀란 마음을 감추지 못했다.

예상보다 훨씬 수월하게 휴학을 했지만, 사람이 갑자기 안 하던 짓을 하면 문제가 생긴다고 했던가. 눈코 뜰 새

없이 바쁘게 살다가 갑자기 찾아온 여유를 적응하지 못하고 마음에 조급증이 생겼다. 소화가 안 되고 잠을 못 자서 병원에 갔더니 스트레스 역류성 식도염이라는 진단이 내려졌다. 나는 맘 편히 쉬지 못하는 사람이구나… 하며 동기들보다 더 자주 학교로 나가서 작업을 했다. 6개월 동안 4개의 워크숍 참여, 2개의 공모전 제출, 그 외 몇 가지 일들을 추가로 더 해냈으니 교수님들이 내가 휴학을 했다는 사실을 몰랐던 것도 이해가 간다. 몸은 힘들었지만, 마음은 훨씬 편했고 내 일상은 이게 맞구나 생각하며 그렇게 하루하루를 보냈다.

내가 휴학한다는 소식을 들은 지인들이 나에게 가장 많이 물어봤던 것은 바로 "여행은 어디로 갈 거야?"라는 질문이었다. 처음 한 두 번은 나는 여행을 별로 좋아하지 않아서 어디 떠나는 일은 없을 거라고 대답하였지만 계속해서 여행을 어디로 갈 건지 물어보는 지인들에게 "여행 안 가! 안 간다고!!"라는 짜증을 내기도 했다. 나에게 여행은 마치 대단한 것이며, 시간이 있을 때 꼭 가야 하는 필수조건처럼 이야기하는 그들의 논리에 반박하고 싶어서 더욱 심술을 부린 것일지도 모르겠다. 그렇지만 한편으로는 '여행이 도대체 뭐 그리 대단하길래 저렇게까지 가보라고 하는 거지?'라는 궁금증이 생긴 것도 사실이다.

특별한 계기가 있었던 것은 아니었다. 그냥 여느 날처럼 일과를 끝내고 집으로 돌아오는 길에 문득 고개를 들었더니 눈을 뗄 수 없을 만큼 예쁘게 흐르고 있는 하늘이 보였다. 나는 뭐가 그렇게 바빴기에 이렇게 예쁜 하늘을 여태까지 올려다보지 못했을까… 갑자기 친구들이, 선배들이, SNS에서 그토록 추천하고 스스로 거부했던 여행이 떠나고 싶어졌다. 그 순간 잠시 하늘에, 분위기에 취했었나 보다. 정신을 차리고 집에 도착했을 때는 이미 그 순간을 담은 하늘 사진과 함께 여행을 계획하고 있다는 글을 SNS에 올린 뒤였다.

여행을 떠나기로 마음먹는 것과 실제로 떠나는 일은 차원이 다른 문제였다. 4주를 목표로 전국을 돌겠다는 거창한 계획은 있었지만 떠나본 적도, 떠나려고 시도를 해본 적도 없었기에 스케줄이나 여행 비용, 심지어 준비물도 무엇을 챙겨야 할지 몰랐다. 가볍게 움직일 수 있게 짐을 분산시키는 힙색이 필요한지도 모르고 등산 가방 하나 메고 출발했다가 여행 중에 급하게 구입한 사건은 지금 생각해도 부끄러운 기억이다. 어차피 완벽하게 준비해서 떠날 수는 없었다. 나에게 주어진 것은 얼마 안 되는 시간과 앞서 여행을 떠났던 수많은 선배 여행자들의 방대한 정보들 밖에 없었고 나는 그것을 내 스타일대로 수정해서 계획을 세워야 했다.

땅끝마을부터 통일전망대까지 찍고 오겠다는 패기 넘치는 계획은 일주일이라도 버티면 다행이라는 소리와 함께 부모님의 내기 거리가 되었다. 여행 일정 짜는 게 이렇게 힘든 일인 줄 몰랐던 나는 온종일 컴퓨터 앞에 앉아 지도를 하나 펴놓고 수십 번씩 계획을 수정하며 일정을 짜기 시작했다. 인터넷으로 검색하면 검색할수록 새로운 정보들이 나왔고 아직 떠나지도 않았지만 가능한 많은 곳을 둘러보고 싶다는 내 욕심은 여행 계획을 세울 때도 숨기지 못했다.

욕심이 많지만 그만큼 겁도 많은 나는, 고작 국내여행을 계획하면서도 끊임없이 지금 떠나는 게 맞는 지에 대해 자문했다. 어떤 날에는 당장 떠나버리자 싶다가도, 어떤 날에는 지금 내가 맘 편하게 여행할 때가 맞는 지에 대한 고민이 계속되는 나날이 이어졌다. 그러다 정말 떠나야겠다고 마음을 다 잡게 된 계기는 우연히 읽게 된 짧은 글

때문이었다. 그 글은 유명한 여행지에 대한 소개도, 감성을 자극하는 좋은 글도 아니었다. 그저 지극히 객관적이고 사실적인 상식이었다.

> " 사람의 무릎 연골은 지우개와 같아
> 결국에는 닳아서 모두 사라지고 만다. "

너무나 당연한 상식적인 글을 읽는데 머리를 한 대 맞은 것처럼 띵해졌다. 두 다리가 멀쩡한 축복을 가지고 태어난 이상 사용할 수밖에 없는 무릎 연골이 전부 사라지기 전에 얼른 사용해야겠다는 생각이 들었기 때문이다. 어쩌면 이 순간에도 다리의 움직임에 의해 계속 사라지는 연골을 생각하며 조금 조급해졌을지도 모르겠다.

그렇게 우여곡절 끝에 떠나게 된 나는 거주하고 있던 창원에서 출발하여 시계 반대 방향으로 이동하며 37일 동안 전국을 떠돌아다녔다. 초보 여행자라 실수도 잦았고 계획도 틀어지면서 좌절도 많이 했지만 그렇기에 더욱 많은 것을 배울 수 있었고 다양한 감정들과 솔직하게 마주할 수 있었다. 여행은 지나고 보니 결국 스스로 문제를 해결해 나가야 하는 결정과 선택의 연속이었고 그러므로 본인이 행복한 선택을 하면 되는 것이었다.

여행을 싫어하고 두려워했던 내가 직접 경험하고 느꼈던 이 감정들을 기록해 누군가가 떠날 용기를 내거나 설렘으로 가슴이 부풀어 오른다면 더할 나위 없이 기쁘겠다. 모두가 오롯이 본인을 위한 여행을 준비하고 떠날 수 있기를 진심으로 바란다.

여전히 불안한 마음으로 일상을 떠나며
나는 스스로 한가지 약속을 했다
어찌 됐든,
여행을 하는 동안만이라도
내가 행복한 선택을 하기

차 례

CHAPTER 1
떠나보기 전에는 알 수 없다
1 - 10 DAY

CHAPTER 2
시간이 멈춘 듯한 그 곳에서
11 - 20 DAY

떠나보기 전에는 알 수 없다	016
내 실수를 용서하는 법	024
오랜만에 만나도 변함없다는 것	034
친구와의 전화가 특별해질 때	042
머피의 법칙을 이겨내는 법	052
때론 모르는 게 약일 때가 있다	062
내가 상상하던 공간에 발을 들이면	074
혼자 먹는 술은 딱 반병까지 달다	084
인생은 정말 알 수 없다	094
선택은 언제나 용기의 문제다	102

112	조금 심심하지만 깊은 맛이 나는 도시
120	네가 먼저 걸었으니 앞서가는 게 옳다
130	등산은 하산까지 완료해야 끝이 난다
142	시간이 멈춘 그 곳에서
152	함께 같은 곳을 바라본다는 것
164	짧지만 자주 행복해지는 방법
174	완벽한 날들
186	해내고자 하면 안 될 일은 없다
200	조건 없는 호의는 있다

CHAPTER 3
여행에도 슬럼프는 있다
21 - 30 DAY

내가 잘 살았다는 증거	214
여행에도 슬럼프는 있다	224
온 지구가 도왔다고 한다	228
숲속 거인의 가슴에는 푸른 하늘이 떠 있다	234
쉽게 사랑에 빠지게 되는 도시	244

CHAPTER 4
긴 여행이 의미 있냐 물으신다면
31 - 37 DAY

긴 여행이 의미 있냐 물으신다면	254
눈이 시리도록 아름다운	262
나는 여전히 그 날의 용기를 칭찬한다	270
마지막까지 정신없는 하루	280
여행은 아쉽기에 또 떠나는 것이다	292

CHAPTER 1

떠나보기 전에는 알 수 없다

01
떠나보기 전에는 알 수 없다

D+1 경남 김해

아이고… 죽겠다. 시작부터 곡소리를 내기는 싫었지만 어쩔 수 없다. 나는 지금 높은 언덕을 자전거를 끌고 오르고 있기 때문이다. 창원에서 진해로 넘어가는 길에 이렇게 높은 언덕이 있는 것을 알았더라면 나는 결코 자전거를 타고 이동할 생각을 하지 않았을 것이다.

떠나기 전에는 알 수 없었다. 여행을 시작한 지 30분 만에 이런 변수가 마구 터질거라는 것을… 여행의 첫 목적지는 국내 건축 여행이라는 타이틀답게 창원 바로 옆 동네에 있는 〈진해 기적의 도서관〉으로 결정했다. 지도에서 확인해봤을 때 우리 집에서 자전거를 타고 35분이면 도착한다고 되어 있었기에 자전거로 이동하기로 마음을 먹었던 것이 화근이었다. 자전거를 타고 여행을 시작한다는 것이 꽤나 매력적이라고 생각했다. 그리고 여기서부터 생각지도 못했던 변수는 시작되었다.

① 아파트 앞에 있는 자전거 보관함에 자전거가 하나도 없었다. → 20분을 더 걸어가서 다음 정류장에서 자전거를 대여했다.

② 자전거를 타고 가는 도중에 갑자기 뒷바퀴에 펑크가 났다. → 10분 동안 자전거를 끌고 가다가 보이는 정류장에서 교체했다.

③ 실수로 떨어트린 핸드폰이 먹통이 되었다. → 등골이 오싹했지만 다행히 한번 껐다가 켜니 다시 작동하였다.

④ 35분이 걸린다는 지도는 거짓말이었다. → 오르막길에서 자전거를 끌고 올라 1시간을 넘겨서야 목적지에 도착했다.

⑤ 자전거를 타고 가고 있는데 눈앞에 아주 긴 터널이 나타났다. → 펜스가 쳐져 있었지만, 화물차들이 빠르게 달려 나가는 속도를 느끼며 오금이 저렸다.

이 모든 사건들이 집을 떠난 지 1시간도 안 돼서 벌어진 일들이다. 나는 분명히 완벽한 계획을 세우고 출발했는데, 짧은 시간 동안 이렇게까지 많은 변수가 일어날 거라는 생각을 하지 못했다. 그래도 변수가 생길 때마다 포기하지 않고 해결책을 생각하여 이겨냈으니 스스로 조금 뿌듯했다. 하지만 이번 여행을 하며 이보다 훨씬 많은 변수와 심각한 일들이 일어날 것이라고 이때는 미처 예상하지 못했다.

우여곡절 끝에 진해에 도착해 자전거를 반납하고 첫 목적지를 향하는 발걸음은 몹시 가벼웠다. 생전 처음 걸어보는 길은 주변을 둘러보며 걷는 것만으로도 굉장히 즐거웠고, 푸른 하늘에 걷기 딱 좋은 햇빛과 부드럽게 부는 바람, 모두가 자신의 자리를 지키며 움직이고 있는데 나 홀로 낯선 곳에서 새로운 길을 걷고 있다는 사실은 나를 들뜨게 했다.

첫 목적지인 〈진해 기적의 도서관〉에서 나는 '아이들을 배려한 공간이란 이런 것이구나'라는 원초적인 감탄사를 내뱉았다. 사진으로, 책으로 수없이 보았던 공간이었다. 그러나 직접 공간에 방문하여 건축가가 의도한 동선대로 걷는 경험은 차원이 다른 이야기였다. 나는 아이들을 배려해 낮게 만든 계단을 조금 불편하게 오르고, 아이들의 눈높이에 맞추어 설계되어 조금 낮은 창문을 쭈그려 앉아 바라보며 진정으로 아이들을 위한 공간이란 당연히 어른들에게는 조금 불편해야 하며, 어른들은 얼마든지 그런 불편함을 감수할 수 있는 존재라는 것을 다시 한번 느끼게 되었다. 책상에 앉아 아이들을 위한 공간을 설계하면서 '나'의 기준에 맞추어 모든 것을 계획하던 지난날들이 부끄러워졌다.

첫 목적지에서 이미 진한 감동을 받은 나는 누가 뭐라 하더라도 나만의 리듬과 속도로 움직이겠노라고 다짐하며, 다짐했던 생각을 노트에 바로 기록해두었는데 그 내용은 다음과 같다. 첫번째, 사람들이 몰리는 유명한 명소에 방문하는 것이 아닌 내가 정말 가고 싶고 느끼고 싶은 곳을 방문한다. 두번째, 택시보다는 버스를, 버스보다는 걷는 것을 선택한다. 즉, 목적지에 도달하는 것보다는 과정을 중요하게 생각한다. 마지막으로 그 과정들을 겪으며 생각하고 느낀 것을 반드시 기록해둔다.

여행 첫날, 첫 목적지에 감동하여 다소 충동적으로 다짐

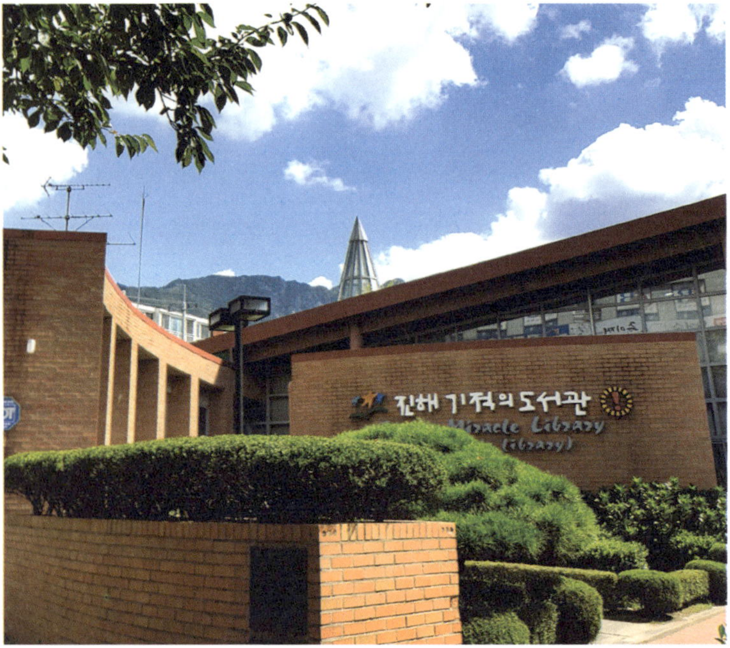
진해 기적의도서관

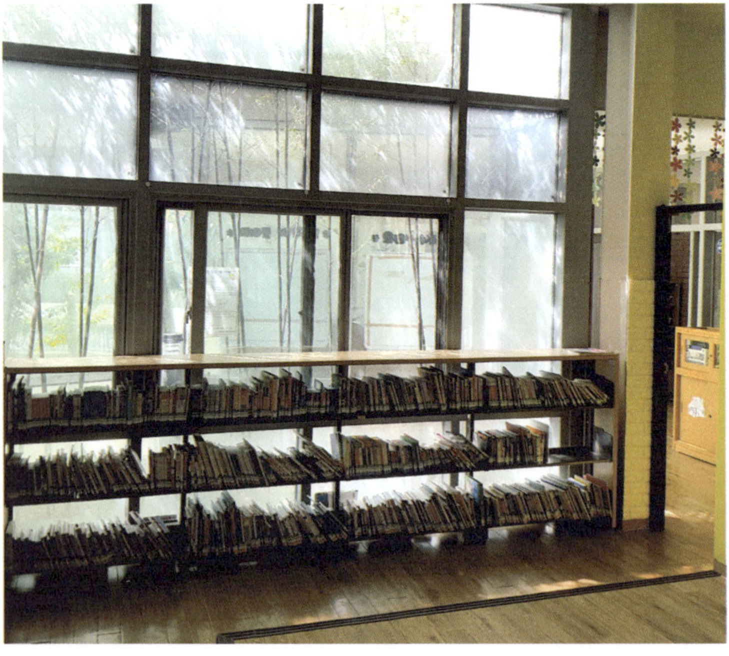

한 이 기준은 여행 중 수많은 선택의 갈림길 속에서 나만의 정답을 찾게끔 도와주는 가이드라인이 되었다. 어쩌면 아주 비효율적이고 대중적이지 않은 기준이었지만 덕분에 누군가의 이야기를 흉내 내는 것이 아닌 나만의 이야기를 쌓을 수 있었던 경험들은 앞으로 천천히 공개하도록 하겠다.

그렇게 계획한 모든 공간에서 마음껏 보고 듣고 느꼈지만, 아침부터 너무 서두른 탓일까. 오늘 하루 정해 놓은 목적지 세 군데를 모두 돌았음에도 불구하고 아직 해가 지지 않은 하늘을 바라보며 멍 때리고 있다가 문득 다음 날 김해에서 만나기로 했던 후배 세미가 생각나서 전화기를 꺼내들었다. 갑자기 연락했음에도 불구하고 흔쾌히 시간을 내어준 세미에게 정말 고마웠다. 저녁을 함께 먹고 가볍게 맥주를 마시며 이야기를 나누려고 했는데, 저녁을 먹고 배를 채우고 나서야 내 체력이 이미 방전되었음을 깨달았다. 하지만 그대로 헤어지기는 아쉬워 카페에 앉아 커피를 시키고 고작 10시간도 되지 않은 영웅담을 떠들다가 세미가 알고 있다는 찜질방에서 하루를 마무리할 계획이었다.

계획대로 일이 진행되고 있는데 이상하게 뭔가 찜찜한 기분이 들 때가 있지 않는가? 묘하게 세미랑 헤어지기 전 불안한 기분이 들어 추천해준 찜질방에 전화를 해보니 역시나… 금요일과 토요일만 24시간 운영을 하고 평일에는 12시 전에 문을 닫는다는 대답이 돌아왔다. 오늘은 목요일이었다. 나는 여태까지 찜질방은 모두 24시 운영을 하는 줄 알았다. 이렇게 아무 정보도 없이 여행을 시작했다니… 참으로 무식하니 용감했다는 생각이 든다.

내가 위치한 거리에서 갈 수 있는 찜질방은 그곳이 전부였고, 결국 내 여행의 첫 숙소는 동네 모텔이 되었다. 숙소에 도착해 하루를 정리하다 보니 집을 떠난 지 24시간이 채 되지 않았는데 얼마나 많은 변수가 있었는지 손가락으로 세어 보다가 피식 웃음이 났다. 앞으로 있을 변수에 대한 긴장감과 이겨낼 수 있다는 자신감이 뒤섞인 웃음이었다. 책상 앞에 앉아 과제에 열을 올렸던 지난 3년보다 더 많은 것을 배운 소중한 하루였다. 만약 떠나지 않았다면 절대 알지 못했을, 어쩌면 너무 당연한 이야기.

TIP
찜질방은 24시간 운영하지 않는 곳도 있다.
반드시 들어가기 전에 확인해 볼 것!

진해ㅇㅇ의 도서관

02
내 실수를 용서하는 법

D+2 경남 김해

눈을 떴을 때 늘 보이던 내 방 천장이 아닌 낯선 천장이 보이는 것은 생각보다 괜찮은 경험이었다. 낯선 곳에서 잠을 잘 자지 못하는 편인데 공간 하나를 통째로 나를 위해 쓰는 경험은 외로웠지만 그만큼 자유로웠다. 그러나 자유에는 책임이 따른다고 했던가… 포근한 이불속에서 나오기 싫어 꾸물거리다가 여행 둘째 날부터 게으름 피우기는 싫어서 씻고 가방을 메고 밖으로 나왔다.

햇빛이 골목을 비추자 어제와는 다른 풍경이 드러났다. 누가 봐도 이방인처럼 눈에 닿는 모든 것을 흥미롭게 둘러보며 우선 가방을 보관하기 위해 시외버스터미널로 향했다. 어제 종일 가방을 메고 다니다가 어깨가 빠질뻔한 뒤로 짐은 가능하면 맡기고 돌아다녀야 한다는 것을 깨달았다. 갈아 입을 옷과 세면도구, 기록을 위한 노트 정도만 들어있는 가방이 왜 이렇게 무거울까 생각이 들 정도로 묵직했다. 여행 초보자인 나는 돌아다닐 때는 가방을 맡기고 돌아다녀야 한다는 사실과 함께 중요한 짐들을 따로 들고 다닐 때 필요한 힙색이 있어야 한다는 사실을 여행 둘째 날 깨닫게 되었다. 이렇게 나는 천천히 여행이라는 것에 익숙해지기 시작했다.

오늘 다녀올 주요 목적지는 바로 김해 〈봉하마을〉이다. 고(故) 노무현 전 대통령이 잠들어 계시는 곳이자 승효상, 고(故) 정기용 선생님과 같은 한국 건축 거장들이 설계한 작품들이 있는 곳으로 심리적, 공간적으로 많이 보고 느낄 수 있는 곳이라 생각했다. 많은 사람들이 방문하는 곳이지만 변두리에 위치하고 있어 대중교통으로 가기가 쉽지 않았다. 봉하마을로 직행하는 버스는 내가 있는 곳에서 딱 한 대만 운행되고 있었고 그나마도 배차 간격이 길었다. 직행버스는 생각도 못하고 시내로 진입해 환승해 가는 버스를 한참 기다리며 심심해하다가 문득 방금 내 앞을 지나간 버스는 어디로 가는 버스일까 궁금해져서 검색해보았다. 오.. 마이.. 갓...!! 버스에 오르는 사람이 없어서 내 앞에서 멈칫거리다가 지나간 버스가 바로 봉하마을로 직행하는 그 버스였다! 분명히 인터넷에 게시되어 있던 시간표대로라면 직행 버스는 30분 전에 지나갔어야 했다. 이미 점이 되어 시야에서 사라져 버린 직행 버스를 바라보며 다시는 버스 시간표를 맹신하지 않으리라 다짐했다.

평소라면 분명히 심술이 났을 법한 일이었다. 그러나 이상하게도 금방 마음이 평온해졌다. 시간에 구애받지 않고 이동하니, 스스로의 실수를 용서하는 여유가 생겼다. 사실 나는 여유라는 말을 좋아하지 않았다. 흔히 사용하는 "여유 있어 보인다", "너 여유 있나 보다."와 같은 말들을 듣는 게 싫었고, 나도 상대방에게 그리 좋은 뜻으로 말한 적이 없었다. 하지만 내가 여행을 하며 느낀 '여유'라는 감정은 살면서 반드시 필요한 감정이며, 스스로의 실수를 용서하게 되고 한 번 더 생각할 수 있는 틈을 주는 과속방지턱 같은 존재였다. 이렇게 나는 여행으로부터 천천히 하나씩 배우기 시작했다.

여유를 가지고 올라탄 버스는 직행으로 가는 버스와는 다르게 김해 시내를 누비며 한참을 돌아갔다. 활발하게 움직이고 있는 사람들과 사람 사는 냄새가 나는 풍경들이 있는 창밖을 바라보기만 해도 심심하지 않았고 오히려 직행버스를 놓친 것을 감사하게 되었다. 사람 구경하는 재미에 푹 빠져 창밖에 눈을 떼지 못하고 있었는데 유독 사람들이 많이 들어가는 굉장히 거대하게 자리 잡고 있는 신기하게 생긴 건축물을 보았다. 김해에 저런 건물이 있었나 싶어 검색을 해보니 최근에 지어진 〈김해 서부 문화센터〉였다. 건물이 화려하고 멋져 보였기에 여기서 내려 건물을 조금 구경하다가 갈까 생각했지만 지금 느끼고 있는 이 여유로움을 놓치고 싶지 않았다. 건물을 직접 구경하지는 못했지만 흥미로운 건축물을 하나 알게 되었고, 언젠가 김해에 다시 방문한다면 분명히 생각이 날 것이다.

봉하마을에 도착하여 고(故) 노무현 전 대통령님께서 즐겨 드셨다는 소고기국밥을 한 그릇 해치우고 천천히 마을을 걷기 시작했다. 마을의 입구에서 조문을 위한 하얀 국화꽃을 한 송이 구입했다. 국화꽃을 손에 들고 마을을 걸으며 눈에 닿는 모든 것들에게 인사를 건넸다. 그동안 잘 지냈는지 인사를 건네는 것만으로도 기분이 좋아졌다. 기분은 조금 업 되었지만 엄숙함은 유지한 채로 고(故) 노무현 전 대통령님의 묘역 앞에 국화를 헌화하고 고개 숙여 인사를 드렸다. 인사를 드리고 나오는 길에 아쉬움이 남아 가만히 서서 방문하는 사람들을 지켜보았다. 처음에는 그저 멍하니 지켜보고 있었는데 어느 순간 사람들의 행동이 눈에 들어오기 시작했다.

묘역으로 가는 길은 사람들의 추모글이 새겨진 타일로 이루어져 있다. 사람들은 이 글을 보기 위해 아래를 내려다 보며 천천히 걷게 되는데, 뒤에서 이 모습을 지켜보면 사람들이 묘역으로 가는 길에 엄숙하게 고개를 숙인 상태로 묵념하는 것처럼 보이게 된다. 또한, 묘역으로 향하는 길은 직선으로 만들었지만 나오는 길은 외곽으로 빼내어 사선으로 만들어 놓았다. 길을 사선으로 만들어 놓으니, 사람들은 묘역을 향하는 것보다 나올 때 시간이 더 걸리게 된다. 이를 가만히 지켜보면 참배를 마친 사람들이 주변을 서성거리고 있다는 느낌이 든다. 마치 이대로 돌아가기 아쉽다는 듯이. 가만히 서서 사람들을 관찰하며 그런 생각을 하고 있던 도중, 갑자기 짜릿한 감동과 함께 전율이 흘렀다. 분명 이것은 건축가가 의도적으로 설계한 것이겠구나 싶어서.

분명 평소라면 참배의 목적이 끝난 즉시 자리를 떠났을

것이다. 내 다이어리에는 항상 시간 안에 마감해야 하는 일들이 가득했으니. 그러나 그순간 내 다이어리에는 시간을 정해놓고 해내야 하는 일이 존재하지 않았고, 덕분에 한참을 같은 것을 바라보다가 발견한 장면이 나에게 깨달음을 안겨주었다. 내가 그동안 그토록 멀리하고자 애썼던 비효율적인 일들이 말이다. 내가 여태 중요하다고 믿고 있었던 모든 가치가 무너지는 순간이었다. 그러나 오히려 홀가분했던 그 경험을, 여행이 끝난지 한참이 지난 지금도 여전히 잊지 못하고 있다.

김해 봉하마을

짧은 시간 안에 겪은 감동과 깨달음을 곱씹으며 혼자 사색의 시간을 보낸 뒤 다시 시내로 돌아와 어제 갑작스러운 연락에도 기꺼이 나와준 세미를 다시 만났다. 평소에 학교에서 가족처럼 매일 보는 사이지만 여행 중에 만나니 감동은 배가 된다. 더군다나 여행 시작의 순간을 함께 나누다 보니 더욱 고맙고 특별하다. 함께 저녁을 먹고 요즘 핫하다는 김해 〈봉리단길〉에서 예쁜 카페를 찾아 커피를 주문했다. 나는 커피를 마시면 잠이 올 것 같지 않아 미숫가루를 주문했는데 예쁜 유리잔에 나올 거라는 우리 예상과는 달리 아주 투박한 쇠그릇에 얼음이 동동 띄워져 나왔다. 미숫가루가 나오면 함께 예쁘게 사진 찍자고 말했던 세미와 나는 순간 할 말을 잃고 눈을 마주친 뒤 한참 소리 죽여 웃었다.

즐거운 시간이 가고 헤어짐의 순간이 왔다. 세미는 학교가 있는 마산으로, 나는 다음 목적지인 부산으로 떠나야 한다. 먼저 떠나면 조금은 두렵고 쓸쓸한 내 뒷모습이 들킬까 봐 먼저 세미를 배웅해서 보낸 뒤 가방을 멘 두 손에 힘을 불끈 주고 부산으로 가는 버스에 올랐다.

TIP
지방에 있는 버스들은 종종 시간표에 맞지 않게 운행을 한다.
참고는 하되 너무 맹신은 하지 말자.

03
오랜만에 만나도 변함없다는 것

0+3 부산광역시

투둑… 투둑… 비가 창문을 두드리는 소리에 놀라서 잠이 깼다. 설마… 어제 분명히 날이 맑을 것이라는 뉴스를 보고 잠들었는데? 황급히 커튼을 젖히고 바라본 창문에는 내 마음처럼 빗방울이 흘러내리고 있었다. 젠장… 여행 3일 차에 벌써 비를 마주하게 되었다. 더군다나 오늘 오전 계획은 낙동강 하구 을숙도에서 자전거를 빌려 타고 자연을 만끽하면서 철새들의 사진을 찍을 계획이었다. 아침부터 빗소리 때문에 심란해서 아무것도 못 하고 게스트하우스 4인실에 혼자 누워 멍하니 있다가 어제 체크인할 때 조식을 제공한다는 말이 생각나 터덜터덜 방문을 나섰다. 손님이 나 밖에 없었던 관계로 주방에서 뭘 어떻게 먹어야 하나 고민하고 있던 와중에 인기척을 들으셨는지 사장님이 나오셨다. 사람 좋은 웃음으로 아침 인사를 전하시고는 간단하게 컵라면으로 때우려고 했던 나에게 따뜻한 밥과 김치, 햄 반찬까지 꺼내 주셨다. 차가운 빗속을 걷기 전, 위장과 함께 마음까지 든든해졌다.

나는 정말 바보였던가? 여행 출발 전 짐을 조금이라도 줄이고 싶어 우산을 따로 챙기지 않고 아빠가 등산할 때 입는 우비를 빌려 챙겼었다. 그러나 내가 생각지 못했던 너무나 중요하고 당연한 사실은 아빠가 자가용으로 이동해 산을 오르는 것과 달리, 나는 계속해서 대중교통을 이용해야 한다는 사실이었다…

호기롭게 우산 없이 우비를 입고 가방에 방수 커버를 씌우고 빗속을 걸어 들어갔지만 5분도 안 돼서 온 몸이 홀딱 다 젖고 말았다. 30분을 걸어 목적지인 을숙도에는 도착했지만, 비가 와서인지 사람들도 거의 없었고, 자전거를 빌릴 수도 없는 상황이었다. 때때로 마주치는 사람들은 고개를 푹 숙이고 우산도 없이 물에 빠진 생쥐 꼴로 걸어가는 나를 보고 흠칫 놀라며 피해가곤 했다.

정말 다행히도 오늘 부산에서 접선하기로 한 친구 동형

이는 차가 있어서 오후부터는 편하게 다닐 수 있었다. "이럴 줄 알았으면 그냥 욕심부리지 말고 숙소에서 쉬다가 천천히 나올걸…" 혼잣말로 구시렁대 보지만 이미 되돌릴 수 없는 일이었다. 어쩔 수 없이 을숙도에서의 일정은 빨리 끝내고, 오후 일정이었던 〈부산 비엔날레〉를 구경하러 가기로 했다.

매번 비엔날레를 관람할 때마다 느끼는 사실이지만 비엔날레의 작품들은 그 수가 굉장히 방대하고 내용도 난해하다. 전 세계에서 온 예술가들이 표현한 작품들은 저마다의 신념과 가치를 표현하며 오감을 현혹시키지만, 이제는 몇 번의 비엔날레를 경험하며 작품을 즐기는 요령이 생겼다. 방대한 숫자의 작품들을 눈으로만 먼저 구경하다 보면 마음에 와닿는 작품들이 있다. 그러면 그 작품 앞에 서서 여러 각도로 작품을 본다. 제목과 작가를 확인하고 작품 설명을 읽어본다. 공감을 하면서 스스로 질문도 던져본다. 그렇게 나는 비엔날레를 즐기며 만난 수백 개의 작품들 중 마음에 드는 3-4명의 작가와 작품들을 알게 되었다. 그것이면 충분했다.

약 1년 만에 만난 동형이는 대한 건축학회 학생기자 활

부산 현대미술관

동을 하며 만난 소중한 인연이다. 동형이는 부산에, 나는 창원에 살지만 매번 기자 활동을 하며 일로써만 서울에서 만났지, 부산에서 단 둘이 만나는 것은 처음이었기에 어색할 수도 있겠다는 걱정이 무색하게 동형이는 내 얼굴을 보자마자 "아니 출발한지 얼마나 됐다고 벌써 프로 여행자의 모습을 하고 있어" 하면서 웃어댔다. 오랜만에 본 동형이의 모습은 변함없어 보여 나도 같이 씨익 웃었다.

저녁 식사시간까지 시간을 때울 겸 들어간 카페에서 동형이는 음료가 나오기도 전에 여행의 목표와 행선지를 물어보았고, 나는 떠나기 전 스스로 수없이 묻고 또 대답했었던 나의 여행 목표를 이야기해주었다. 이미 학교를 졸업하고 직장에 다니고 있는 동형이는 자유롭게 여행하고 있는 내가 부럽고도 대단하다며 칭찬해주었다. 사실 여행을 시작했음에도 나는 끊임없이 불안했다. "어쩌면 나는 여행으로 도피하고 있는 건 아닐까?" "내가 이 여행에서 뭘 얻어 갈 수 있을까?"와 같은 고민들이 매 순간 나를 찾아와 혼란스럽게 했지만 이날 동형이와 나눈 대화 덕분에 지금 하고 있는 여행이 적어도 잘못되지 않았다는 것을 느낄 수 있었다. 동형이와 얘기를 나누면 늘 자존감이 올라갔다. 동형이는 매사에 고민부터

하던 내가 얼마나 대단한 사람인지를 늘 강하게 어필해줬기 때문이다. 내가 여행을 무사히 마칠 수 있게 된 이유 중 하나는 이 날 동형이와 나눈 대화 덕분이었다.

대화를 하던 도중 잠시 밖에 전화를 받으러 나갔다 온 동형이는 굉장히 미안한 표정으로 혹시 저녁 식사 시간에 여자친구가 합류해도 괜찮겠냐고 조심스레 물어봤다. 당연히 안 될 이유는 없었다. 내가 혹시라도 여자친구분을 어색하게 만들까 봐 문제였지만. 소심함을 대표하는 A형답게 혹시 여자친구분이 싫어하시는 행동이 있는지를 먼저 물어봤다. 친구의 연인에게 안 좋은 첫인상을 남기기는 싫었다. 가뜩이나 지금 행색이 거지꼴인데… 소심한 A형은 늘 이렇게 고민하고 걱정한다.

다행히 여자친구분은 굉장히 선한 인상의 소유자이셨고, 덕분에 대화를 굉장히 편하게 이어갈 수 있었다. 동형이 옆에 앉아 이야기하는 모습을 보니 참 잘 어울리는 커플이라는 느낌을 받았다. 연애에 대해서 별 감흥이 없는 편이지만, 행복한 커플들의 모습을 보면 연애세포가 살아나는 느낌을 받는 것은 어쩔 수 없다. 여행자가 무슨 돈이 있냐며 동형이가 쏘는 족발과 함께 잔에 소주를 채웠다.

동형이는 운전을 해야 해서 아쉽게도 잔만 채웠지만 여행 중 처음으로 친구와 함께 하는 술자리는 굉장히 즐거웠다. 저녁을 맛있게 먹고 숙소까지 태워준다는 동형이 차 뒷자리에 앉아 꽁냥거리며 대화하고 있는 커플의 모습을 흐뭇하게 바라보다가 한마디 던졌다. "나 속이 쓰려서 혼자 소주 한 잔 더 할라니까 여기서 내려주라." 차 안을 가득 채운 웃음소리와 함께 여행 3일 차의 밤이 끝나가고 있었다.

TIP
짐이 많다고 우산을 빼는 바보같은 짓은 하지 말기를 바란다.

여행을 시작했음에도
나는 끊임없이 불안했었다
내가 한 선택이 도피는 아니었을지

도피가 아닌 멋진 일이라는 것을
알려준 것은 친구와의 대화였다.

04
친구와의 전화가 특별해질 때

0+4 부산광역시

오늘 머무를 〈다섯 그루 나무〉는 여행 중 유일하게 떠나기 전에 미리 예약한 곳이자 이틀을 묵은 숙소이다. 이곳은 '한국건축가협회상'과 '부산다운건축상 금상'을 수상한 건축물로써 다닥다닥 붙어있는 협소 주택들 사이에 튀는 듯 튀지 않게 5개의 건물이 모두 높낮이가 다르게, 심지어 재료마저 죄다 다른 모습으로 그 자리에 서 있다. 사람의 시선으로 건물을 보면 주변과 별 다른 점이 없어 보이지만 드론으로 찍은 공중에서의 사진을 보면 이렇게 튀는 건물이었어? 라는 생각이 저절로 들게 된다. 이 신비함에 매료되어 직접 공간을 느껴보고 싶어 묻지도 따지지도 않고 예약한 〈다섯 그루 나무〉는 내가 여행을 더 이상 늦추지 못하고 과감하게 출발할 수 있게 도와준 계기가 되기도 했다.

아침에 일어나 조식을 먹으러 가다가 주방에 사람이 복작복작하게 모여 있는 것을 보니 왠지 피곤해져서 다시 침대로 돌아왔다. 배도 별로 고프지 않고 같은 곳에서 하루를 더 묵는지라 짐을 놔두고 가볍게 돌아다닐 수 있는데 조금 일찍 나서볼까 하는 생각이 들어 주변에 맛집을 검색하다 유명한 〈초량 불백 거리〉가 근처에 있다는 것을 찾아내고 부지런히 발걸음을 옮겼다. 다행히 이른 시간이라 손님이 없어서 당당하게 식당에 들어가 불백 1인분을 주문했다. 다양한 밑반찬들과 함께 나온 불맛이 가득 담긴 불백은 맛집으로 소개될 만큼 맛있었다. 고기 한 점 남기지 않고 깨끗하게 비운 뒤 서서히 몰려 들어오는 손님들을 피해 얼른 자리를 비웠다.

기분 좋은 아침을 먹고 난 뒤 걸어서 방문할 수 있는 〈정란각〉에 도착했다. 1943년에 지어진 고급 일본식 주택인 정란각은 현재 카페로 사용되고 있으며 아이유의 노래 '밤편지' 뮤직비디오 촬영지로도 유명해서 많은 방문객들이 찾아오는 곳이다. 내가 찾아간 날은 다행히(?) 비가 와서 일요일임에도 불구하고 사람들이 많지 않았다. 혼자 여행을 하다 보면 이런 멋진 곳에서 스스로의 모습을 사진으로 남기기 힘들다는 사실이 참 아쉽다. 예쁘게 옷을 차려입고 서로의 사진을 찍어주며 웃는 친구, 연인들의 모습이 참 부러웠다. 여기까지 온 이상 그냥 가기는 아쉬워 일본식 다다미가 깔린 자리에 앉아 시원한 매실차를 주문했다. 아직은 며칠 안 되는 여행 기록들을 정리하고 다음 일정들을 계획하다가 유리창을 두드리는 빗소리를 들으며 한동안 멍하니 창밖을 바라보았다.

아무 생각이 없다는 것. 보통 부정적으로 많이 쓰이는 이 문장은 굉장히 한심한 말이라고 생각했다. 사람이 생각을 안 한다는 것은 발전하기를 멈춘다는 뜻이고, 결국은 도태되어 설 자리를 잃게 될 것이라 생각했다. 그러나 여행 중 내가 가장 즐겨했던 행동은 생각을 멈추고 가만히 서서 그 순간을 오롯이 느끼는 것이었고, 그런 경험이 반복되며 나는 또 하나 깨달을 수 있었다. 아무 생각이 없다는 것은 이 순간 고민과 갈등, 이익과 손해 따위를 전혀 계산하지 않고 스스로에게 솔직해지는 것이라는 것을.

'아무 생각이 없다는 것'
낭비되는 순간이라 여겨 배척하던 문장

그 순간을, 여행하는 동안
내가 가장 많이 꺼내서 사용했단 사실은
지금도 나를 웃음 짓게 한다

정란각에서 나와 버스를 타고 달려간 부산 남구는 우리의 아픈 역사와 자랑스러운 역사, 선조들의 고귀한 희생들이 모여 있는 곳이었다. 오늘 방문하기로 한 〈국립 일제강제 동원 역사관〉, 〈유엔 평화기념관〉, 〈유엔 기념공원〉이 그랬다. 선조들의 피,땀,눈물로 이루어 놓은 역사들을 보며 전쟁이 없는 시대에 태어난 것에 대한 감사함과 역경의 시대를 이겨낸 선조들에 대한 존경스러움이 밀려왔다. 방문한 건물들은 각자의 전시와 용도에 맞게 잘 설계되어 있었다. 자연스럽게 동선에 이끌려 전시를 구경하며 가슴 속으로 몇 번이고 '감사합니다. 죄송합니다.'라고 외쳤다.

한참을 돌아다녀 지친 나는 하루를 끝내기 전 잠시 고민에 빠지게 되었다. 부산에서의 마지막 날인데 수영구에 위치한 수변공원에 들러 야경을 볼 것인가, 그냥 숙소에 가서 쉴 것인가. 두가지 선택지를 두고 고민하다가 아직은 버틸만하다고 판단하여 (여행 첫날에는 저녁에 맥주도 한 잔 못 마실 정도로 피곤했다.) 전자를 선택하고는 수변공원으로 가는 지하철에 몸을 실었다.

홀로 도착한 수변공원에는 이미 자리를 펴고 앉아있는 사람들이 많았다. 예상은 했지만 많은 공동체 속에서 혼자

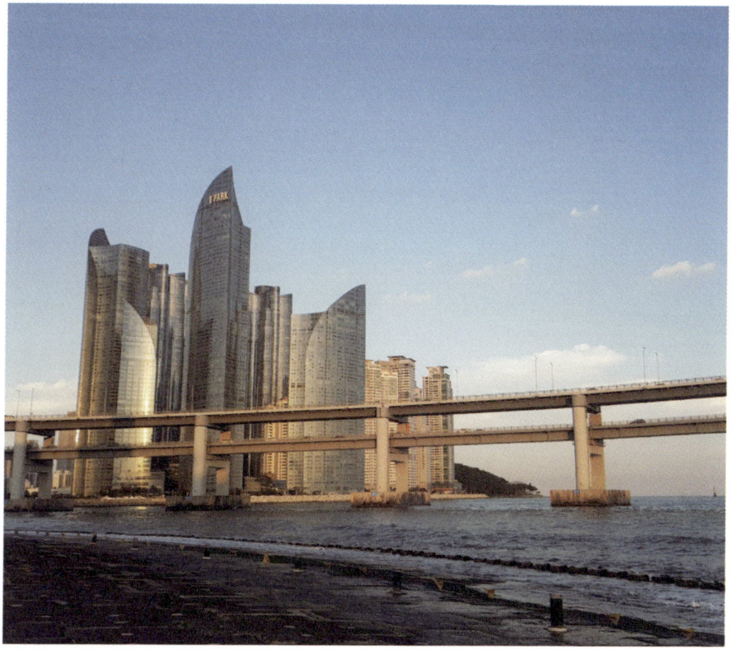

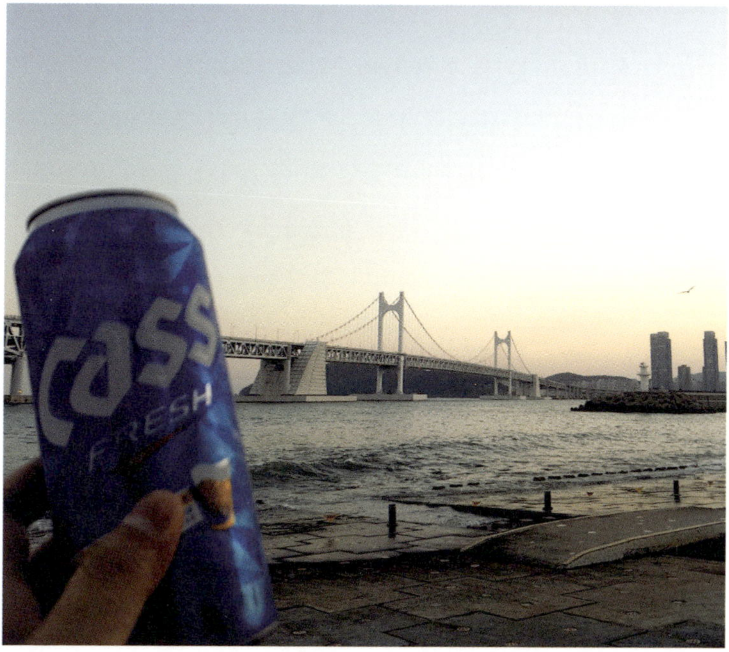
cass
FRESH

있는 것은 조금 외로운 경험이었다. 하지만 이 풍경에서 오래 머물고 싶었기에 남들 다 하는 캔맥주와 닭강정을 사서 당당하게 맥주 캔을 뜯었다. 바닷가 특유의 찬 바람에 닭강정이 금방 식어서 아쉬웠지만 바다를 보며 맥주와 함께 먹으니 그 맛이 또 다르다.

가족, 친구 또는 연인들과 함께 웃으며 여유를 즐기고 있는 사람들을 보니 문득 사람이 그리워졌다. 아빠에게 문자를 보내고, 엄마에게 전화를 걸고, 친구 한빈이에게 영상통화를 걸어서 노을이 지고 있는 수변공원의 풍경과 함께 들고 있는 캔맥주와 닭강정을 보여주었다. 졸업 전시를 앞두고 피곤해 보이는 한빈이는 본인도 정신이 없으면서 내 이야기를 한참 들어주었다. 전화기를 들고 큰소리로 정신없이 웃고 떠들다가 전화를 끊으니 순간 고요해졌다. 조금 전까지 신나서 떠들던 내 목소리가 환청이었던 것처럼 사라지고 주변 사람들의 웃음소리가 다시 귀에 들려온다. 잠깐 꿈을 꾼 느낌이다. 혼자 여행을 하다 보니 친구와 하는 전화가 특별한 일이 돼버린다. 늘 해왔던 친구와의 전화가 특별한 일이 되고, 특별하다고 생각했던 여행이 일상이 되어가는 과정. 일상과 비일상이 서로 치환이 되는 설렘 혹은 두려움. 다들 이래서 여행을 갔다가 그렇게 고생을 하고도 또 다시 떠나고 싶어 하는구나.

조금 걷고 싶어져서 엉덩이를 털고 일어나는데 바닷가 근처에서 아이들이 꺄르륵거리며 뛰어노는 모습이 보였다. 바다와 아이들과 노을이 공존하는 모습이 지난날 선조들이 우리를 지켜주셨듯 현재 우리가 소중하게 지켜 내야 할 모습 같아 나도 모르게 카메라 셔터를 눌렀다. 찰칵!

부산 수변공원

05
머피의 법칙을 이겨내는 법

D+5 경남 양산

드디어 부산을 떠나 양산으로 간다. 부산은 틈틈이 친구를 만나러, 일이 있어서 자주 방문한 곳이라 낯익은 곳이었다면 이제부터는 정말 낯선 곳으로 떠나게 된다. 아직 경상도도 못 벗어났지만 내 마음은 이미 말도 통하지 않는 곳에 홀로 떨어진 여행자가 가질 법한 설렘으로 가득하다. 여행 출발 전 양산이 고향인 후배에게 양산에서 갈 만한 곳을 물어봤다. "오빠 양산 진짜 볼 거 없어. 거기를 뭐하러 가는 거야?" 냉정한 후배의 대답이 돌아왔다.

양산은 내가 여행 목표로 세웠던 [유네스코 세계문화유산으로 지정된 7개의 사찰 방문하기]의 첫 번째 사찰인

〈통도사〉가 있는 곳이다. 계획을 세울 때는 몰랐다. 양산 통도사, 영주 부석사, 순천 선암사 등 도시를 대표하듯 이름이 붙어있지만, 실제 사찰은 도심에서 훨씬 벗어난 곳에 있다는 사실을. 매번 아빠가 운전하는 차 뒷자리에 앉아 과정을 경험하지 못했으니 사찰이 어디에 있는지 알 턱이 없었다. 과정 없는 결과는 반드시 문제가 생긴다.

양산까지 와서 통도사만 방문하기엔 너무 아쉽다고 생각한 나는 양산 도심에서 볼만한 건축물을 하나 찾아 그곳에서 아는 동생인 태훈이를 만나기로 했다. 태훈이는 경남지역에서 활발하게 활동하고 있는 경남건축학생연합 '가온'을 이끌고 있는 회장이다. 첫 만남부터 지금까지 온라인에서 알고 지낸 우리는 처음으로 오프라인에서 만나게 되었다. 늘 온라인상에서 이야기하다가 실제로 얼굴을 마주한 느낌이 또 다르다.

서로 반갑게 인사를 한 후에 자리에 앉자마자 태훈이가 갑자기 질문을 던졌다.

"형님, 그런데 초량에서 오셨으면서 왜 버스를 타셨어요?"
"지도에 그렇게 찍히던데? 다른 방법이 있어?"
"초량 앞에 있는 부산역에서 지하철 타셨으면 훨씬 빠르

셨을 텐데요?"

그렇다. 나는 교통편을 알아볼 생각도 하지 않고 네이버 지도에서 알려주는 대로 무려 세 번을 환승해가며 부산과 양산 시내를 돌고 돌아 도착했던 것이다… 이다음부터 나는 목적지가 정해지면 목적지에 도착하는 다른 방법을 생각하며 늘 새로운 가능성을 열어뒀다. 이 날 나는 확실하게 배웠다. 내가 가고자 하는 목적지의 길은 하나만 있는 것이 아니며, 내가 아는 수단은 정답이 아닐 수도 있다는 것을. 그리고 이 사실은 꼭 여행자에게만 적용되는 문제는 아니었다.

큰 깨달음을 얻은 나는 다시 커피를 마시며 이야기를 이어나갔다. 이야기의 주제는 자연스레 나의 여행 계획으로 흘러갔고, 오늘 오후에 통도사에 방문할 예정이라는 얘기를 하자 갑자기 태훈이의 표정에 의아함이 번졌다.

"형님, 오늘 통도사에 가실 거면 지금 일어나셔야겠는데요?"
"아직 11시 밖에 안 됐는데?"
"여기서 통도사 가는 버스가 몇 대 없을걸요? 확인해보세요."

아까의 배는 되는 충격이 내 뒤통수를 때렸다. 그냥 아침부터 서둘러 통도사를 향해 달렸으면 되었을 것을, 나는 바보같이 절이 24시간 열려있고, 워낙 유명한 〈통도사〉이기에 절로 가는 버스가 얼마든지 있을 것이라 생각했던 것이다. 스스로 굉장히 꼼꼼하고 계획적인 사람이라고 생각했었는데 어쩜 이다지도 허술할 수 있는지… 지금 생각해도 얼굴이 새빨개진다. 너무 부끄러워서 이 이야기는 뺄지 말지 굉장히 망설였다. 부디 이 글을 읽고 있는 여러분만 알고 있기를 바란다.

이야기를 듣고 버스 시간표를 확인하자마자 너무 당황한 나는 태훈이와 제대로 된 인사도 하지 못하고 허겁지겁 버스 정류장으로 달려갔다. 다급하게 도착한 정류장에는 틀림없이 통도사로 가는 버스가 정차한다고 적혀 있었지만 하필이면 정류장 안내판이 고장 나있었다. 머피의 법칙은 꼭 이럴 때 나타난다. 그렇게 기약 없는 기다림이 시작되었다. 30분… 1시간… 1시간 30분까지 기다리다 결국 오늘 통도사에 가는 것을 포기하고 말았다.

이렇게까지 일정이 크게 틀어진 적이 없었던 나는 굉장히 당황했지만, 오후 1시라는 이른 시간에 이대로 양산에서 하루를 마치기에는 남은 시간이 너무 아까워 그 자리에서 플랜 B를 세우기로 했다. 한참 궁리하며, 여러 방법을 생각해본 결과 결국 통도사에 가장 가깝게 갈 수 있는 통도사신평버스터미널로 가서 하루를 마무리하기로 했다. 인터넷으로 알아보니 다행히 1시간 이내로 버스가 있었고, 나는 부지런히 시외버스터미널로 이동했다.

"네? 뭐라고요?"
"오늘 통도사로 가는 버스는 7시에 있는 막차 밖에 없습니다."
"아니 인터넷에는 2시에 버스가 있다고 되어 있던데요?"

직원은 대답 대신 조용히 무언가를 가리켰고, 직원의 손가락 끝에는 '인터넷에 기재된 시간표 및 요금표가 맞지 않을 수 있습니다. 착오 없으시길 바랍니다.'라는 문구가 적혀 있었다. 아니, 그걸 인터넷도 아니고 여기에 적어놓으면 무슨 소용이 있냐고 한마디 하고 싶었지만 어디 그게 직원 잘못이겠는가… 다행히 시간 많고 여유로운 내가 웃으며 넘어가야지. 긍정적으로 생각하기로 했다. 폭풍 같았던 사건들이 지나가고 나니 그제야 배가 고파오며 여태 식사도 못하고 뛰어다녔다는 사실이 생각났다. 일단

밥부터 먹고 주변을 둘러보자는 생각으로 근처의 식당으로 발걸음을 옮겼다.

역시 스트레스를 받을 때는 맛있는 걸 양껏 먹는 게 제일이다. 혼자 국숫집에 들어가서 비빔국수에 왕만두까지 먹어 치우고 나니 여유가 생겼다. 하긴, 지금부터 버스 탈 시간은 4시간이나 남았으니 여유가 있을 수밖에 없다. 시간은 있지만 카페에 가서 앉아 있자니 볼 책이 없고 주변을 돌아다니자니 피곤했다. 고민을 하고 있던 도중에 갑자기 머릿속에 시간을 때울 수 있는 좋은 장소가 한 군데 스쳐 지나간다.

휴대폰 검색을 통해 가장 가까이 있는 PC방에 들어갔다. 개인 컴퓨터를 산 이후에 좀처럼 가본 적이 없는 곳이다. 게임을 그만둔 지는 좀 됐지만, 시간을 때우고자 예전 기억을 되살려 게임을 몇 판 했다. 오랜만에 해서 그런지 손에 익지 않는 게임을 몇 판 끝내고 내가 지금 여기서 왜 이러고 있나 생각이 들 때쯤 오늘 하루 유난히 재수가 없었다는 생각이 머리를 스친다. 이런 날은 긴장을 풀면 꼭 다른 변수가 생기기 마련이라는 것을 수많은 경험을 통해 잘 알고 있다. 갑자기 아까 표를 사면서 보았던 '선착순 승차'라는 문구가 마음에 걸린다. 한 번 터지기 시작한 불안은 멈출 줄을 모르고 결국 1시간 일찍 버스 정류장에 도착해서 가만히 앉아 있지도 못하고 버스가 오는 승차장 앞에 서서 한참을 서성거리며 버스를 기다리기 시작했다.

7시에 도착한다던 버스는 7시 10분이 넘었는데도 도착하지 않았고 걱정을 넘어서 불안해지기 시작한 나는 발만 동동 굴렀다. 잠시 자리를 비우지도 못하고 계속해서 승차장 입구만 바라보고 있던 나는 15분 늦게 도착한 버스에 올라타고 나서야 겨우 마음을 놓았다. 자리에 앉아서 버스에 승객이 반도 타지 않았다는 것을 확인하니 '선착순 승차'라는 문구가 얼마나 가벼운 경고였는지 생각이 들어 피식 웃었다. 이어폰을 끼고 좋아하는 노래를 틀고 창밖을 바라보며 정신없던 하루를 되돌아봤다. 일이 정말 꼬일 만큼 꼬였지만 포기하지 않고 결국 목적지로 향하는 스스로가 대견했다. 한참을 스스로를 토닥거리며 잡생각에 빠져 있다 무심코 시계를 봤다. 길이 막히는지 도착 예정시간이 지났음에도 버스는 계속 움직이고 있었다. 정말 이 놈의 버스 시간표는 맞는 것을 본 적이 없다고 구시렁대며 지도를 보는데…. @&^#%&!$#%??? 버스가 신평 버스터미널을 한참 지나 위로 올라가고 있었다. 나는 이 순간의 감정을 글로는 도저히 표현하지 못하겠다. 나에게 만약 더 놀랄 기운이 남아 있었다면 아마 크게 비명을 질렀을 것이다.

냉정하게 생각해보자. 그래, 나는 지금 버스를 잘못 탔다. 지금 있는 위치를 보아하니 아무래도 목적지는 경주인듯하다. 그나마 다행이라는 생각이 든다. 만약 서울로 가는 버스였다면 전부 포기했을지도 모르겠다. 하지만 지금 내게 포기를 선택지에 두는 것조차 사치였다. 냉정하게 생각해보니 내가 결정할 수 있는 선택지는 많지 않았다. 가장 먼저 든 생각은 그냥 〈통도사〉를 건너뛰고 경주를 목적지로 재설정하는 것. 그러나 나에게는 〈통도사〉에 꼭 가야 하는 이유가 있었고, 다음날 울산에서 후배와 만나기로 한 약속도 있었다. 잠시 고민을 했지만, 결론은 한가지였다. 최대한 신평버스터미널 가까이로 다시 돌아간다. 정신을 차리고 버스를 검색해보니 경주에서 언양으로 간 후 거기서 신평버스터미널로 가는 방법이 있었다. 다행히 버스 시간도 맞아떨어질 것 같았다. 정신 차리자.

경주에서 내리자마자 다시 매표소로 달려가서 언양으로 가는 표를 끊고 버스를 향해 달렸다. 겨우 버스를 잡아 타고난 뒤에도 긴장을 놓지 않았다. 언양에서 내렸다. 표를 팔아야 하는 정류장이 닫혀있었다. 서둘러 알아보니 기존 정류장에 문제가 생겨서 여기서 조금 떨어진 곳에 임시정류장을 만들어 거기서 표를 판매한단다. 거리는 걸어서 10분, 버스시간도 10분 남았다. 놀랄 시간도 없다. 무작정 뛰었다. 결국, 신평으로 가는 버스에 탑승했다. 물론 기사님께 정확한 목적지를 확인한 것은 말할 필요도 없다.

신평버스터미널에 떨어지니 저녁 10시가 넘은 늦은 시간. 이제는 숙소를 잡을 일이 막막하다. 주변을 둘러보니 아주 크게 '24시간 사우나·찜질'이라고 적혀 있는 간판이 눈에 들어온다. 저 불빛이 오늘 고생에 대한 마지막 보상인가 싶어 피식 웃고는 깜깜한 어둠 속에서 반짝반짝 빛나는 간판을 향해 천천히 걸어갔다.

TIP
지역을 넘어 새로운 곳으로 갈 때는 꼭 기사님께 정확하게 확인한 뒤 탑승하자.

머피의 법칙은
꼭 내가 불행할 때 찾아온다

지금 생각해도 아찔했던
늦은 밤 버스 추격전은
포기하지만 않으면 된다는 것을 알려주었다.

06
때론 모르는 게 약일 때가 있다

D+6 경남 양산, 울산광역시

어제의 폭풍 같던 사건들이 거짓말이었던 것처럼 조용한 아침이 찾아왔다. 찜질방에서 잔 덕분에 아침에 일어나 목욕탕에 들어가 몸에 쌓인 피로를 풀 수 있었다. 그동안 쌓였던 다리의 피로를 조금이나마 풀어주고 밖으로 나오다가 문득 어깨를 누르는 배낭의 무게가 궁금해졌다. 갈아입을 옷만 몇 벌 들었을 뿐인 배낭이 어쩜 이렇게 무거운지, 기껏해야 5kg 정도 나갈 것이라는 생각으로 체중계에 올린 가방의 무게는 무려 10kg! 아… 이럴 때 쓰는 말이 모르는 게 약이라던가… 괜히 2배나 무거워진 듯한 배낭을 메고 터덜터덜 밖으로 나왔다.

카운터에 앉아 계시던 아주머니가 "잠은 잘만하셨는가?"

하며 아침 인사를 전하신다. 제법 상쾌한 얼굴로 인사에 답한 뒤 여기서 통도사까지 거리를 여쭤보았다. "여기서 걸어서 30분이면 가요. 젊은 사람들은 다들 걸어서 가드만." 걷는 걸 좋아하는 나는 버스를 기다리는 시간을 허비하지 않고 갈 수 있다는 생각에 기뻐 아주머니께 인사를 드리고는 종종걸음으로 밖으로 나섰다.

날씨도 좋고, 바람은 적당히 불고, 조용한 시골 마을의 풍경을 보며 걷는 것만으로도 충분히 힐링이 된다. 천천히 길을 따라 걷다 보니 어느덧 통도사 입구가 보인다. 생각보다 가까워서 놀랐는데 여기서부터는 흙길을 꽤 걸어 들어가야 한단다. 흙길을 걸어보는 것이 언제인지도 모르겠다. 마침 운이 좋게도 통도사에서는 '개산대제'라는 축제가 열리고 있었다. 어쩐지 절로 들어가는 길에 부처님들을 그린 그림들이 걸려있더라니, 이 모든 것이 다 축제의 일부분이었다.

푸르름을 내뿜고 있는 나무들과 포근함이 느껴지는 흙길 그리고 햇빛을 받아 빛나고 있는 부처님의 모습들이 너무도 아름다워 나에게 이런 모습들을 보여주시기 위해서 어제 늦은 시간 절에 도착하지 못하게 하신 건 아닐까 싶다. 한 걸음을 걷고 카메라로 찰칵, 콧노래를 부르며 걷다가 또 찰칵. 도무지 카메라를 놓을 수가 없다.

축제가 열리고 있는 절은 생각했던 것보다 훨씬 활기찼다. 종교라는 보수적인 성격 때문에 축제가 열리더라도 경건하고 엄숙할 것이라 생각했던 나는 신선한 충격을 받았다. 특히 이번 축제의 주제는 '어린왕자와 부처'로써 절의 곳곳에 배치되어있는 어린 왕자의 모습들이 이질적이라는 생각이 들면서도 묘하게 잘 어울려서 사람들의 시선을 받기에 충분했다. 나도 그 축제의 무리에 포함되어 여기저기 사진을 찍으며 구경을 하다가 대웅전에 들려 부처님께 절을 올리며 지금 하는 여행을 무사히 끝마치도록 해달라는 소원을 빌었다. 지금 생각하면 꽤 간절하게 빌었던 것 같다. 그만큼 혼자 하는 여행은 자유롭고 즐거웠지만, 때로는 외로웠고 가끔은 두렵기도 했다.

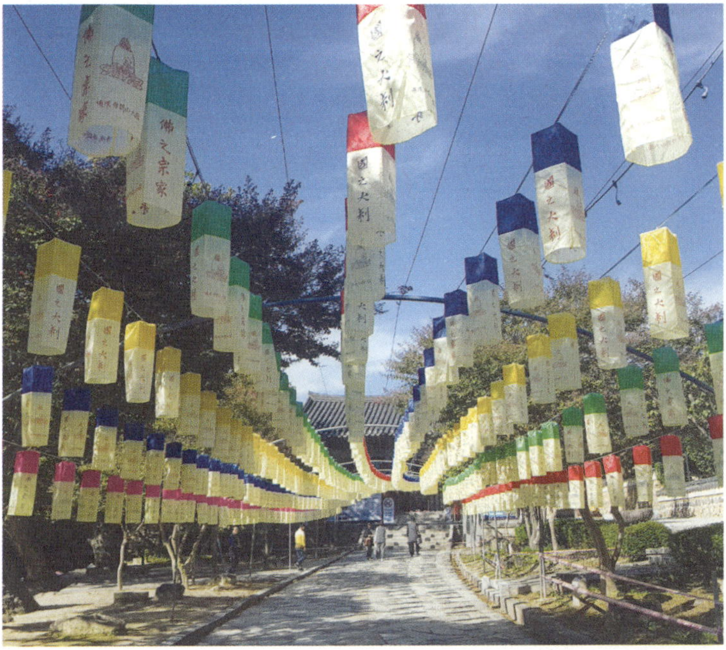
佛之宗家
國之大刹

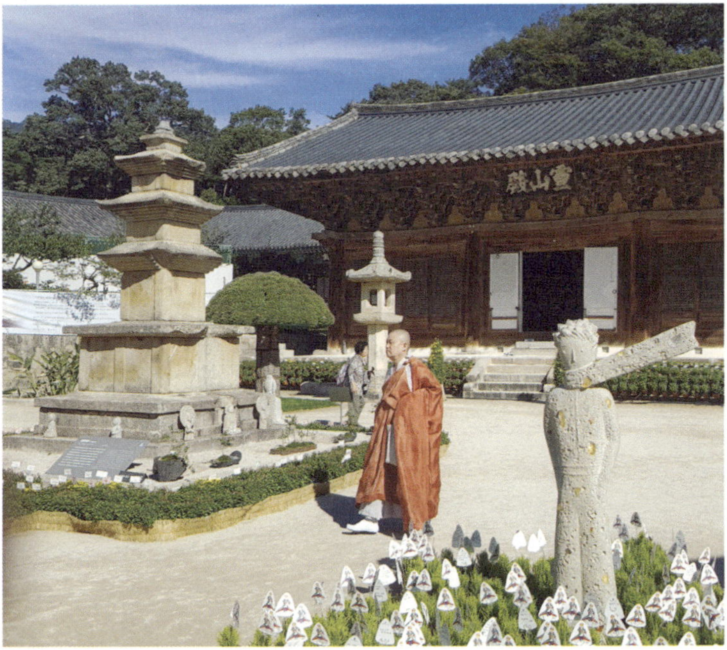
靈山殿

양산 통도사

어깨를 누르는 배낭을 다시 꽉 메고 통도사를 나오니 조금씩 배가 고파왔다. 통도사쯤 되는 관광지라면 분명 유명한 식당이 있을 거라는 생각에 검색을 해보니 근처에 평이 좋은 메밀국수 전문점이 있었다. 면보다는 밥을 좋아하는 사람이지만 늦은 아침으로 메밀국수를 먹어보는 것도 괜찮겠다 싶어 조금 외곽에 떨어져 있는 식당을 찾아갔다. 천천히 걸음을 옮기다 보니 도롯가에 〈울렁도모밀국수〉라고 적힌 간판이 보였다. 걸었으니 쉽게 간판을 발견했지 차를 타고 갔으면 그냥 지나쳤을 법한 소박한 간판이다. 다시 한번 도보여행이 사랑스러워지는 순간이다. 가게에 들어서니 내부가 굉장히 소박했다. 메뉴는 단 하나. 오직 메밀국수! 이런 곳이 맛집이구나 싶은 내공이 느껴진다. 2판은 시켜야 1인분이라는 사전조사 내용에 따라 2판을 주문했다. 굉장히 깔끔하고도 소박한 메밀 특유의 맛과 적당한 양의 간 무, 파, 쯔유가 입안을 자극했고 나는 콧노래를 흥얼거리며 그릇을 깔끔하게 비워냈다.

만족스러운 식사를 마치고 늦지 않게 울산에 도착한 나는 저녁에 만나기로 한 후배에게 연락을 한 뒤 약속시간 전에 구경할만한 곳을 찾아다니기로 했다. 사실 내가 가진 울산에 대한 이미지는 광역시라는 이름답게 사람이 굉장히 많고 활기찬 도시였다. 그러나 중공업의 도시인 울산도 사회적으로 문제가 되고 있는 폐교의 증가는 막을 수 없었던 것 같다. 그렇지만 울산은 이를 그냥 방치하지 않고 폐교를 재사용하기 위해 노력하는 모습들을 보여주었고, 나는 그 중 갤러리로 사용하고 있는 곳을 방문했다. 폐교는 울산 외곽의 조용한 시골 마을에 있었기 때문에 버스를 타고 한참을 이동해야 했다.

매우 한적한 곳에 위치한 폐교는 도착해서 정문을 보자마자 어릴 적 뛰어놀던 초등학교가 생각났다. 방치되어있는 듯하지만 그게 또 매력인 무성한 풀들과 은색 미끄럼틀이 있고, 자정이 되면 움직일 것만 같은 위인들의 동상들이 지키고 있는 폐교는 정면에 알록달록한 색깔로 〈다담은 갤러리〉라는 이름을 새기고 있었다. 두근거리는 마음으로 안에 들어가서 구경을 하려고 하는데 관계자로 보이는 선생님께서 "아이고, 지금 막 전시가 끝나서 작품 교체 중이라 2시간 뒤에나 작품이 도착할 텐데… 지금은 아무것도 없어요."라는 안타까운 말을 전하셨다.

가는 날이 장날이라더니 하필이면 오늘, 지금 이 시간에 작품을 교체하다니… 시간에 여유가 있었다면 기다렸다가 작품과 공간을 함께 보고 떠났을테지만 오늘 스케줄은 꽤 빠듯했다. 아쉽지만 공간만이라도 보겠다고 말씀드리고 내부를 돌아보았다. 복도는 그대로 유지되어 있지만 교실 내부는 조명들과 가벽들로 구성되어 깔끔한 갤러리를 연상시킨다. 하얗게 색칠된 벽에는 다담은 갤러리에 대한 기사가 실린 신문들이 붙어있기도 하고 때로는 건담들이 걸려 있기도 하다. 그러면서도 여기가 아이들이 성장하고 뛰어놀던 학교였다는 사실이 여기저기서 보이고 들리고 느껴진다. 문득 그런 생각이 들었다. 공간을 다시 사용한다는 것은 단순히 빈 곳에 벽지를 새로 바르고, 예쁜 가구들을 들여놓아 사람들을 불러 모으는 게 전부가 아니라 시대에 맞추어 용도가 바뀌더라도 예전 모습들이 어떤 형태로라도 남아 공간을 사용하는 사람들이 추억할 수 있도록 해야 한다는 것을.

하루 종일 쉼 없이 이동하느라 가방을 맡길 곳이 없어서 10kg이 넘는 배낭을 메고 계속 돌아다녔더니 어깨는 빠질 듯이 아프고 다리는 점점 저려오는데 후배와 약속했던 시간은 아직도 3시간이나 남았다. 근처에 경치도 좋고 커피 맛도 좋다는 카페가 있다지만 솔직히 조금 지쳤다. 목적지를 카페로 향할지 말지를 고민하다가 결국 후배에게 전화를 걸어서 지금 카페에 갈지 말지 고민 중인데 여길 들렸다가 가면 약속 시간에 조금 늦을지도 모르겠다는 핑계를 투척한다. 솔직한 심정으로는 카페에 가지 말고 조금 일찍 만나자는 대답을 듣고 싶었지만, 수화기 너머 후배는 내 마음을 전혀 모르고 나를 배려해줬다. "오빠, 여기까지 온 김에 그냥 갔다 와. 오빠가 언제 또 울산에 와보겠어? 나는 조금 기다릴 수 있어." "그… 그렇지? 고맙다 하하하…" 약속 시간을 핑계 삼아 쉬려고 했던 계획이 실패했다. 결국 나는 산 중턱에 자리 잡고 있어서 경치가 좋고 핫한 카페에 가기 위해 10kg의 배낭을 메고 산을 오르기 시작했다.

평일 이른 오후 시간임에도 불구하고 핫한 카페라는 것을 증명하듯 몇 번이나 내 옆을 스쳐 지나가는 차들을 보며 이를 악물고 한 걸음씩 올라 결국 걸어서 카페 〈온실리움〉에 도착하고야 말았다. 자기 몸만 한 배낭을 메고 땀에 온 몸이 젖은 채로 문을 열고 들어온 나를 카페 직원들과 손님들은 의아하게 바라봤지만, 곧 자신들의 일에 몰두했다. 식비를 최대한 아끼기 위해 카페에 들릴 때면 가장 저렴한 아이스 아메리카노만 주문하는 나였지만 이 정도 고생했으면 뭐라도 먹어야 한다고 스스로 다독이며 커피와 함께 초코빵을 하나 시켰다. 시원한 커피 한 모금과 입안 가득히 퍼지는 초콜릿에 정신이 돌아오며 기분이 좋아진다. 잠시 이 행복한 느낌을 즐기다가 문득 중요한 걸 놓치고 있었다는 생각이 들면서 등골이 오싹해진다. 아… 내려갈 때는 어떡하지…?

공간을 다시 사용한다는 것은
예쁘고 깔끔하게 정리한다는 뜻이 아니라
시대에 맞게 용도가 바뀌더라도
예전 모습들이 어떤 형태로라도 공간에 남아
사용하는 사람들이 추억할 수 있게 해야 한다는 것

07
내가 상상하던 공간에 발을 들이면

D+7 울산광역시, 경북 경주

어젯밤 힘들었던 일정을 마치고 후배랑 만나서 신나게 놀았더니 아침에 일어나기 쉽지 않았다. 포근한 이불에 파묻혀서 뒹굴거리다가 오늘 일정이 빠듯한 것을 깨닫고 서둘러 준비를 하고 밖으로 나섰다. 오늘의 첫 목적지는 숙소에서 걸어서 갈 수 있는 〈울산도서관〉이다. 울산은 광역시임에도 불구하고 문화를 즐길 수 있는 공간이 거의 없어서 최근에 큰 규모로 완공된 울산도서관이 시민들에게 많은 사랑을 받고 있는 모양이었다. 울산시외버스터미널 근처에 위치하고 있어 대중교통을 이용하는 나 같은 여행객도 쉽게 방문하기 좋았다.

울산 남구의 대표 도심하천인 여천천을 건너야만 도서관

에 도착할 수 있어 졸졸 흐르는 물을 따라 걷다보니 어느새 '울산도서관'이라 크게 적혀있는 입구가 보였다. 방문객을 맞이하는 입구에 팻말이 크게 서 있어서 제대로 환영을 받는다는 느낌을 받았다. 울산 시민들이 사랑하는 핫플레이스라고 들었는데 의외로 차랑 사람들이 별로 안 보여 편하게 구경할 수 있겠다는 생각이 들어 기분 좋게 콧노래를 부르며 종종걸음으로 걸어갔다.

말도 안 돼! 무슨 월요일에 도서관을 쉬는 거야! 불이 꺼져서 깜깜한 도서관 내부를 바라보며 혼자 소리를 질러보지만 무슨 소용이 있겠는가… 어쩐지 이상할 정도로 조용하다 싶더니 월요일은 도서관 정기 휴무일이었다. 그제야 알게 되었다. 도서관을 비롯한 문화시설들은 주말에 오는 손님들을 받아들이고, 월요일에 휴식을 취한다는 사실을… 이후에도 월요일 휴무를 미처 생각하지 못해 생긴 에피소드들이 있지만, 후에 소개하겠다.

울산 울산도서관

아쉬웠지만 어쩔 수 없이 도서관을 빙 둘러 걸으며 외관을 구경하고 주변에 만들어 놓은 놀이터와 조경들을 살펴봤다. 생각보다 훨씬 깔끔하게 정돈된 모습에 언젠가 사람들이 사용하는 모습을 보러 다시 와야겠다 다짐했다. 그럼에도 불구하고 발걸음이 쉽게 떨어지지 않아서 창고 위치는 어디에 있으며, 이용객의 동선과 직원 동선은 나누어져 있는지, 화물차량은 어디로 들어오는지 등 자못 건축가스러운(?) 시선으로 건물을 살펴보고는 아쉬운 발걸음을 돌렸다.

계획했던 도서관을 이용하지 못해 시간이 많이 남아 경주로 가는 버스를 타기까지 시간 여유가 생겼다. 시간을 어떻게 쓰면 효율적일까 생각하다가 문득 헌혈을 할 시기가 되었다는 생각이 들었다. 나 혼자 살아가기 바빠 남에게 베풀지를 못했는데 다행히 몸이 건강해 헌혈을 할 수 있다는 것을 기쁘고 자랑스럽게 생각하여 시간이 될 때마다 헌혈을 하는 것이 이제는 습관이 되었다. 조금만 서두르면 헌혈을 하고 떠날 수 있을 것 같아서 근처 헌혈의 집을 찾아갔다.

월요일 이른 오전 시간, 그것도 추레한 모습으로 헌혈의 집에 온 사람은 내가 처음이지 않을까? 헌혈을 도와주시는 간호사분들이 처음 내 모습을 보고 약간 당황하신 듯하더니 곧바로 필요한 절차를 진행하여, 늘 하던 혈장 헌혈을 하기로 결정했다. 이른 시간이라 헌혈을 하는 사람은 나밖에 없었기에 간호사분들과 편하게 대화를 나눌 수 있었다. '저는 지금 학교를 휴학하고 전국 배낭여행 중이며, 잠시 시간이 남아 울산을 떠나기 전 헌혈을 하러 온 것이다.'라는 스토리를 전하니 응원의 말을 해주시며 헌혈증과 함께 초콜릿과 유사시에 바를 수 있는 연고까지 챙겨 주셨다. 남을 위해 내 피를 나누어 주는 것이 헌혈이라고 하지만 항상 헌혈을 하러 가면 내 마음이 더 따뜻해져서 돌아온다. (이때 받았던 초콜릿은 나중에 정말 큰 도움이 되는데, 그 이야기는 뒤에 등장할 예정이다.)

헌혈을 무사히 마치고 경주로 향하는 버스에서 짧은 단잠을 즐긴 나는 드디어 비수기, 성수기를 가리지 않고 1년 내내 관광객들이 모이는 경주에 도착했다. 경주는 내 기준으로 크게 두 군데로 나뉜다. 하나는 내가 방금 도착한 경주역과 경주고속버스터미널이 위치한 도심지이고, 하나는 버스를 타고 30분 정도를 달려야 도착할 수 있는 보문 단지 주변이다. 물론 자가용을 가지고 있다면 그다지 먼 거리가 아니지만, 나처럼 짐을 가지고 움직여야 하는 뚜벅이 여행자에게는 목적지를 구분할만한 거리이다. 처음 계획은 보문 단지 주변을 구경하고 도심지로 넘어와서 숙소에 짐을 맡기고 첨성대, 동궁과 월지의 야경 등을 구경한 뒤 다음날 바로 경주를 떠날 생각이었지만 이날 묵게 될 숙소의 발견으로 나는 계획을 전면 수정하게 된다.

경주에 도착하기 전 버스에서 숙소를 검색하던 도중 내 눈에 들어온 〈북홈〉이라는 게스트하우스. 위치는 보문 단지 주변에 있었기에 만약 여기서 묵게 되면 경주에서 하루를 더 있어야 하는 상황이었다. 하지만 〈북홈〉의 홈페이지 설명에 적혀 있는 책장 속에서 하룻밤을 보낼 수 있다는 그 특별한 경험을 놓치고 싶지 않았다. 심지어 가격도 상당히 저렴했다. 이미 숙소에 마음을 뺏겨버린 나는 서둘러 예약을 하고 찾아갔다.

아.. 역시 사진만 보고 믿는 게 아니었나… 굉장히 허름해 보이는 외관의 건물을 보며 몇 번이고 위치를 다시 확인했지만 이 건물이 맞았다. 저절로 한숨이 나오고, 섣부른 판단을 내린 조금 전의 나를 지탄했지만 이미 엎질러진 물이었다. 체념을 하고 게스트 하우스가 있다는 3층으로 계단을 오르는 순간…!! 내가 해리포터의 주인공이 되었다고 생각했다. 말 그대로 게스트 하우스가 시작되는 3층부터 다른 세계가 시작되는 느낌을 받았다는 것이 맞는 표현일 것이다. (마법사들의 세계로 가게 되는 9와 4분의 3번 승강장처럼 말이다.)

황급히 뛰어 올라간 곳은 내 예상을 뛰어넘는 공간이 펼쳐져 있었다. 아주 깔끔한 인테리어에 북카페와 게스트하우스가 결합된, 묘하지만 한 번쯤은 상상해 본 공간의 모습들은 나를 들뜨게 만들기에 충분했다. 혹여 늦을세라

경주 북홈

서둘러 체크인한 뒤 책장 안에 있는 나만의 공간에 들어가서 '오늘 그냥 나가지 말고 여기 있을까…?'를 진지하게 고민하기 시작했다.

그래도 경주까지 왔는데 경주타워는 보고 가야 하지 않겠나 싶어 힙색을 메고 길을 나섰다. 멀리서부터 보이는 경주타워는 경주의 랜드마크답게 우뚝 솟아있었다. 멀리서 볼 때는 몰랐는데 가까이서 보니까 정말 거대했다. 엄마 아빠 손을 잡고 아장아장 걸어 다니는 아이들의 모습들이 마냥 신나 보였다. 우리 부모님도 나 어렸을 때 저렇게 두 손 꼭 잡고 여기저기 데리고 다녔었는데… 잠시 추억에 빠졌다가 경주타워 전망대로 올라가는 엘리베이터에 몸을 실었다.

전망대가 있는 84층에 올라보니 경주 전체가 한눈에 들어왔다. 압도적으로 높은 곳에서 밑을 내려다보니 다른 도시에서는 보기 힘든 녹색의 향연이 펼쳐져 있었다. 확실히 경주는 옛 역사와의 공존을 위해 많은 노력을 하고 있다는 것이 느껴졌다. 한 층을 내려가니 석굴암 HMD 체험관에서 커플 한 쌍이 VR을 이용해 석굴암 내부를 체험하는 프로그램을 하고 있었다. "우와! 꺄악"거리며 신문

물(?)을 즐기는 모습을 보니 나도 해보고 싶었지만 가격도 비싸고 혼자 가상의 세계에서 허우적거리는 모습은 남들이 보기 흉할 것이라고 스스로 위안하며 지나쳤다. 시선을 돌려 반대쪽을 바라보니 석굴암에 대한 설명과 모형이 전시되어 있었다. 자세한 설명에 집중하여 글을 읽어보다가 갑자기 석굴암을 직접 눈으로 보고 싶어졌다. 핸드폰을 꺼내 거리를 확인해 보니 내일 가려던 경주 도심과 정반대로 버스를 타고 1시간을 달려가야 했다. 여행 중에는 참 많은 결정사항들이 생긴다. 사실 지나고 보면 이래도 좋고 저래도 좋은 사소한 사항들이지만 고민을 시작할 때만큼은 세상에서 이보다 중요한 일이 있을 수가 없다. '내일 아침 일찍 일어나서 석굴암을 보러 갈까?' '아냐.. 나는 오늘 숙소에서 만화책 보면서 늦게 자기로 마음먹었는데…' 사실은 고작 이 정도 고민을 하고 있었지만, 누군가가 보았을 때는 세계의 멸망을 막아야 하는 용사가 된 것처럼 심각한 표정으로 머리를 쥐어뜯으며 숙소를 향해 발걸음을 옮겼다.

TIP
도서관, 문화시설 등은 월요일에 휴관하는 경우가 많다.

08
혼자 먹는 술은 딱 반병까지 달다

D+8 경북 경주

어제의 치열했던 고민은 욕심쟁이인 나답게 새벽 1시까지만 만화책을 보고 잠을 좀 줄여 일찍 일어나는 것으로 결정되었다. 오랜만에 신나게 만화책을 본 탓인지 어젯밤 꿈에서 계속 만화 캐릭터가 등장해 뛰어다니는 바람에 깊게 잠들지 못했다. 멍한 상태로 밖으로 나와 미리 준비된 토스트를 씹으며 어제 시간이 늦어 못 읽었던 만화책 마지막 권을 서둘러 읽기 시작했다.

몸은 좀 피곤했지만, 마음껏 만화책을 읽으며 스트레스를 풀고 쾌적한 곳에서 씻고 나와서 아침 바람을 맞으니 상쾌하다는 말로는 표현이 부족할 정도다. 버스 정류장에 앉아 여유롭게 〈석굴암〉으로 가는 버스를 기다리다가 버스가 왔다는 소리에 후다닥 올라타니 비수기에 평일이라 그런지 버스 안에는 외국인 관광객들만 몇 명 보이고 매우 한적했다. 대부분 부부 동반 관광객들로 보이는데 딱 한 명 중년의 남자 외국인이 혼자 앉아 있는 게 보였다. 혼자 있는 여행객을 보면 괜히 동질감이 들어 말을 걸고 싶어지곤 한다. 물론 마음만 그랬다는 거다. 영어 울렁증이 있는 나는 괜히 대화가 길어질까봐 이어폰을 끼고 노래를 튼 뒤 아련한 눈빛으로 창밖을 바라봤다는 건 나만 아는 비밀이다.

40여 분을 달린 버스가 드디어 정차했다. 이제부터는 산책길을 따라 쭉 걸어서 올라가야 한다. 구름이 많이 있어서 흐리긴 했지만 그렇기에 가끔 얼굴을 드러내주는 햇빛이 더욱 반가웠다. 아이 손을 잡고 걸어가는 어머니의 미소와 길을 걷다가 갑자기 등장하는 다람쥐들에 놀란 아이들의 웃음소리가 내 발걸음을 더 가볍게 만든다.

천천히 길을 따라 20분 정도를 걸어가다 보니 석굴암을 보관하고 있는 사찰이 보였다. 자유롭게 석굴암을 관람하며 많은 것을 느껴보고자 했는데 내 예상과는 다르게 보안상의 문제로 사진 촬영도 불가했으며, 심지어 내부가 꿩

장히 협소하여 석굴암의 웅장함을 전혀 느낄 수 없었다. 문화유산을 지키기 위하여 과할 정도로 보호하는 게 맞는지, 조금 손상이 되더라도 원래의 가치를 공개하는 게 맞는지는 조금 더 생각해 봐야 하는 문제인 것 같다. 물론 석굴암 하나 보러 여기까지 왔는데 제대로 못 봤다고 꼬장 부리는 건 절대 아니다. 툴툴툴.

생각보다 더 빨리 석굴암을 구경하고 나왔기 때문에 여유롭게 근처 식당에서 배를 채우고 나오니 섭섭함은 사라지고 세상이 더욱 아름답게 보인다. 하늘은 어디가 경계인지 모를 정도로 맑고 적당히 떠 있는 구름은 마치 하늘을 포근하게 덮어주듯 흘러가고 있다. 지나가는 길에 만난 대나무는 녹색과 하늘색이 이렇게 잘 어울리는 색이란 걸 알고 있었냐고 묻는 것 같다.

예정에 없었던 역주행으로 석굴암을 방문한다고 이동 거리가 길어져서일까? 여행 중 처음으로 많은 사람들이 있는 곳을 방문해서일까? 이상하게 평소보다 배로 피곤해져서 해가 떨어지기도 전에 숙소에 가서 체크인하기로 했다. 경주역 바로 옆에 있는 오늘의 숙소는 외국인들에게 인기가 많은 숙소였나 보다.

나를 제외한 모든 손님이 외국인들이라 당황했지만, 침대를 배정받은 뒤 눕자마자 나도 모르게 곯아떨어지고 말았다.

얼마나 잤을까? 부스스 눈을 떠보니 밖은 이미 깜깜하게 어둠이 깔리고 있었다. 경주역 근처에는 야경을 볼 장소들이 많아서 옷을 챙겨 입고 방을 나서려고 침대에서 일어났는데 옆 침대에서 짐을 정리하고 있던 외국인 친구와 눈이 딱 마주쳤다. 이목구비가 시원시원하게 잘생긴 친구가 씨익 웃으며 "Hi"라고 한다. 얼른 눈을 피하려고 했지만 선제 인사 공격(?)을 당한 나는 애써 웃으며 같이 "Hi~"라고 인사했다. 인사가 끝나자마자 원어민 발음으로 빠르게 쏟아져 나온 문장들은 내가 느끼기에는 이러했다.

(이 대화는 작가 본인의 상상력이 일정 부분 들어갔음을 미리 알리는 바입니다.)

외국인 친구 : 안녕~ 친구! 오늘 경주 날씨가 참 좋지? 그런데 일기 예보를 보아하니 저녁에 비가 올 것 같다고 하더군. 지금 나가는 거면 우산을 챙겨가는 게 좋을 거야! (완전 원어민 발음의 영어)

나 : (5초간의 정적, 내가 맞게 들은 건지 자신이 없음. 그래서 아직 잠이 덜 깬 척 눈을 비비며) ...오오, 땡큐...(하며 우산을 챙긴다.)

외국인 친구 : …… / 나 : ……

숨 막힐듯한 침묵의 시간이 흐르고 어색함을 참지 못한 외국인 친구가 옆 사람에게 "Where are you from?"이라고 물으며 상황은 종료되었고 나는 후다닥 방에서 도망칠(?) 수 있었다. 건물을 나오며 외국인 친구가 나에게 어디서 왔냐고 물어보지 않은 이유는 내가 영어를 못하는 것을 알아채서가 아니라 누가 봐도 한국인이라서 그랬을 거라고 스스로 다독였다.

야경이 예쁘기로 소문난 〈동궁과 월지〉에서는 어디서 이렇게 쏟아져 나왔나 싶을 정도로 많은 사람들이 손에 손 잡고 야경을 구경하고 있었다. 화려한 불빛들에 매료되어 한참을 바라보다가 혼자 이 예쁜 풍경을 보기 아쉬워 엄마에게 영상통화를 걸었다. 내가 어디에 있는지, 무엇을 하는 지보다 내가 건강히 잘 지내고 있는지가 궁금한 엄마의 물음에 웃으며 답하고 내가 지금 보고 있는 풍경을 공유하니 진심으로 즐거워하는 엄마의 표정과 옆에서 모자가 무슨 대화를 하는지 궁금해하는 질투 섞인 아빠의 목소리가 혼자라는 외로움을 잊게 해주었다. 뒤에서 지켜주는 부모님 덕에 아들이 걱정 없이 여행하고 있다는 것을 여행 중에 깨닫게 되지만 그건 조금 더 뒤의 일이다.

경주 동궁과월지

즐겁게 야경을 구경한 뒤 검색으로 우연히 찾은 숙소 근처의 술집에 가는 길에 비가 한 방울씩 뚝뚝 떨어지기 시작했다. 일기 예보를 미리 알려준 외국인 친구에게 마음으로 감사의 인사를 전하며 가지고 온 우산을 쓰고는 지도 없이는 찾기 힘들 것 같이 잘게 쪼개져 있는 골목길 사이를 누비며 목욕탕을 개조해서 만들었다는 여행자 술집 〈어제 아래〉로 향했다.

태어나서 처음으로 혼자 들어가는 술집이라 조금 쭈뼛대긴 했지만 다행히 손님이 거의 없어 테이블 하나를 차지할 수 있었다. 혼자 온 손님을 전혀 불편하게 생각하지 않고 웃는 얼굴로 맞아주신 사장님은 글이 빼곡하게 적혀있는 메뉴판을 건네주셨다. 이게 뭐지 하며 읽어본 메뉴판 첫 장에는 사장님이 이 공간을 사용하는 손님들에게 부탁하는 약속과 사장님이 전하고 싶은 이야기가 적혀 있었다. 천천히 곱씹어 읽어본 글은 혼자 술을 마시기 전 속을 훈훈하게 달래준 좋은 에피타이저였다.

생전 처음 혼자 소주 뚜껑을 돌리는 기분은 조금 쓸쓸하기도, 조금 설레기도 했던 것 같다. 뭐라고 정의할 수 없는 이 감정을 첫 잔과 함께 맛있는 안주를 입에 넣는 순간 이 감정은 기쁨이라 확신했다. 그렇게 달았던 첫 잔이 아무 이야기로도 배출되지 못하고 그대로 남아서 다음 잔을 채운다. 조금은 씁쓸한 끝맛을 남기며 두 번째 잔을 비우고는 세 번째, 네 번째 잔까지 마신다. 술병을 절반 정도 비웠을 때쯤 지금 내 잔에 담겨 있는 술이 혀가 아릴 만큼 쓰다는 사실을 깨달았다. 여태껏 마셨던 술이 달았던 이유는 나와 함께 술잔을 기울이던 친구들이 내가 가지고 있던 씁쓸한 기억을 나눠 가져주었기 때문이라는 사실과 함께 말이다. 들떴던 마음이 조금은 가라앉고 생각이 많아질 때쯤 끝나버린 소주 한 병은 그날 나를 적당히 기쁘게, 적당히 외롭게, 적당히 그립게 만들었다고 한다.

처음 혼자 소주 뚜껑을 돌리는 기분은
조금 쓸쓸하기도, 조금 설레기도 했다.

배출되지 못하고 그대로 쌓인 이야기들은
나를 적당히 외롭게 했고,
영원히 기억될 추억이 되었다.

09
인생은 정말 알 수 없다

D+9 경북 청도, 경산

어젯밤 여러 감정을 느끼며 소주 한 병을 비웠더니 푹 잘 수 있었다. 침대에서 일어났지만 잠에서 깨어나오지 못해 어질어질한 머리를 부여잡고 숙소 거실로 나가니 비 내리는 소리가 들렸다. 여행 중 만나는 두 번째 비다. 전혀 모르고 있었는데 태풍이 오고 있다는 소식을 지인들의 안부 전화로 알게 되었다. 인터넷에 들어가 보니 검색어 1위가 태풍이다. 세상 돌아가는 이야기를 매일 확인하는 것이 일상이었는데 여행을 하다 보니 먹고 자고 걷는 것 이외에는 별로 관심이 없어진다. 태풍이 여행에 미칠 영향이 얼마나 클지에 대해 걱정하며 천천히 짐을 챙겼다.

경주에서 다음 목적지인 청도로 가는 기차에 몸을 실었

다. 이번 여행 중 기차를 이용하는 건 처음이다. 평소에 쉽게 접하지 못했던 교통수단은 단순히 바라보기만 해도 사람을 두근거리게 만든다. 비가 창문에 부딪히며 내는 소리를 듣고 있자니 왠지 가슴이 몰캉몰캉해진다. 기차를 이용하는 것이 오랜만이라 간식 카트가 언제 지나가나 기다리고 있다가 요즘에는 운영하지 않는다는 소식을 듣고는 조금 시무룩해졌지만 말이다.

오늘 일정은 상당히 타이트하다. 목적지는 두 군데이지만 동대구에서 경산으로 그리고 청도로 넘어갔다가 다시 경산으로 돌아오는 기차 시간을 맞추기가 생각보다 힘들기 때문이다. 기차를 두 번이나 갈아타고 도착한 청도는 차 없이 찾아온 게 자랑스러울 정도로 한적한 시골이었다. 심지어 청도에 도착하자마자 본격적으로 내리기 시작하는 비는 우산을 가지고 있어도 양말까지 흠뻑 젖을 정도로 나를 괴롭혔다. 하지만 온 사방에 주황색 점처럼 촘촘히 찍혀있는 감나무들과 이상할 정도로 잘 어울리는 투박한 회색 담벼락은 내게 색다른 풍경을 선사하여 재미있게 걸을 수 있었다.

고생을 마다하지 않고 청도까지 온 이유는 카페 전체가

개구리와 관련된 물품으로 덮여있어 〈청개구리 이야기〉라는 이름을 가진 카페에 방문하기 위함이었다. 몇 시간을 이동해가며 양말까지 흠뻑 젖은 채로 찾아왔지만, 이상하게 멀리서 봐도 내부가 시커먼 게 영 느낌이 좋지 않다. 설마 하는 생각으로 카페 출입구까지 뛰어간 나는 내부에 은은하게 비치는 조명을 보고 안도의 한숨을 내쉬었다. 정말 다행이다 생각하며 카페 문을 열려고 했지만, 문이 잠겨있었다…! 두세 번 덜컹덜컹 문을 움직여 보았더니 안에서 누군가가 창문을 열고 "오늘 영업 안 합니다." 한 마디 남겨놓고는 창문을 닫아 버렸다.

너무나 힘들게 여기까지 온지라 아쉬움에 겉모습만 사진을 몇 장 찍고 다시 돌아가는 발걸음이 무거웠다. 조금은 가라앉은 기분으로 정류장을 향해 걷다 보니 집마다 있는 감나무들 사이로 보이는 회색 담벼락에 쓰인 글귀들이 눈에 들어왔다. 인문학 골목이라 불리는 담벼락에 적힌 마을 어른들의 삶과 철학을 옮겨놓은 문장들을 천천히 읽으면서 걷다 보니 어디서나 들을 수 있고 때로는 어른들의 잔소리처럼 느껴지는 그 흔한 문장들이 머리에서 아른거렸다.

버스 정류장에 앉아 하루에 몇 번 오지 않는다는 귀한 버스를 기다린 지 어느덧 한 시간째. 차 소리도 들리지 않는 조용한 도로에 조그만 버스가 보이기 시작했다. 행여 가만히 앉아있는 나를 못보고 지나칠까 봐 얼른 일어나서 손을 흔드는 내 앞에 버스가 정차했다. 당연하게 지갑에서 늘 사용하는 교통카드를 꺼내니 기사님께서 현금만 받는다고 말씀하셨다. 우연히 청도로 넘어오기 전, 현금을 뽑아 놓고 입이 심심해 껌을 구입하고 잔돈을 돌려받았던 나는 다행히 1,000원짜리 2장을 건네고 700원을 돌려받았다.

아무렇지 않게 자리에 가서 앉았지만, 심장이 쿵쾅쿵쾅 뛰었다. 만약 내가 현금이 없고 잔돈이 없었더라면? 물론 그 상황에 맞는 다른 해결책이 있었겠지만 어쩌면 훨씬 귀찮아질 수도 있을 일이었다. 혹시라도 소심한 내가 당황해서 현금이 없다고 버스에서 내려버렸으면 그 마을에서 고립되었을 수도 있었다. 남들에게는 별 것 아닌 위기였을지라도 나에게는 지금 생각해도 기적 같은 행운이었다.

겨우 청도 깊숙한 곳을 벗어나 시내에 도착해 경산으로 갈 수 있는 공용 버스터미널에 도착하니 또다시 30분이라는 대기시간이 필요했다. 어쩌면 청도에서 발이 묶일 수도 있었다는 긴장감이 풀림과 동시에 배가 고파졌다. 터미널 옆 분식집에서 어묵을 허겁지겁 먹고 있으니 갑자기 주인아주머니가 "내일부터 4일 쉬니까 좋겠네?"라고 하셨다. 당연히 나와 관련 없는 이야기라 생각하고는 어묵에 집중하고 있는데 돌아오는 대답이 없었다. 고개를 들어보니 나를 빤히 쳐다보는 시선에 "저요?"라는 대답이 자동으로 튀어나왔다.

믿기지 않겠지만 아주머니는 내가 이 근처에 다니는 고등학생이라고 생각하신 모양이었다. 이미 고등학교를 졸업한지 7년이 지난 나는 굉장히 송구스러운(?) 표정으로 지금 잠시 대학교를 휴학하고 전국 여행 중이라고 말씀드렸다. 그 이야기를 시작으로 버스가 오기 전까지 이런저런 이야기를 주고받으며 웃고 떠들고 난 뒤 버스에 올라타 앉으니 문득 교복도 입지 않은 상태에서 딱 보기에도 꾀죄죄하게 나이 들어 보이는 사람을 과연 아주머니는 정말로 고등학생이라고 생각하고 말을 거셨겠느냐는 생각이 들었다. 어쩌면 똑같이 흘러가는 일상에서 나와 다른 일상을 보내고 있는 누군가에게 기분 좋게 말을 거는 하나의 방법은 아니었을까? 반복되는 일상을 벗어나 태어나서 한 번도 보지 못했던 장소가 보이는 버스 창밖을 바라보고 있자니 헤어지기 전 마지막 아주머니의 말씀이 귓가에 맴돌았다. "전국 여행? 아이고~ 그래그래 젊을 때 뭐든 다 해보는 거야. 나는 그러지 못했던 게 너무 아쉽네. 하고 싶은거 다하고 살어. 인생 생각보다 짧으니께."

나와 4살 차이가 나는 사촌 동생 정현이는 옛날부터 나를 잘 따랐다. 한참 어리다고만 생각했던 녀석이 어느덧 스무 살이 되고 군대까지 다녀와서는 형처럼 되고 싶다며 나를 따라 건축학과에 지원하여 현재 영남대학교 건축학과에 재학 중이다. 과제 때문에 늦게 마치는 정현이를 학교 정문에서 기다리고 있으니 남들 눈을 신경 쓰지 않고 "형~~~!"이라고 외치며 달려와 안기는 녀석이 너무나도 반갑고 고마웠다.

근처에서 가장 맛있다는 고깃집에서 얼굴을 마주하고 소주 한 잔과 함께 배를 채우니 오늘 고생했던 기억은 싹 사라지고 서로의 근황과 사는 얘기를 나누기에 바쁘다. 나로서는 같은 건축학과의 길을 걷는 선배이자 형으로서 들어줄 얘기가 많았고 정현이는 지금 본인이 하는 과제에 대한 질문부터 내가 하고 있는 여행 이야기까지 묻고 싶은 게 많았다. 이렇게 잘 맞는 조합 앞에서 맛있는 음식과 따뜻한 공간, 보고 싶은 사람까지 함께 있으니 시간 가는 줄 모르고 한참을 신나게 떠들 수 있었다.

적당히 취기가 오른 상태에서 여전히 조금씩 내리고 있는 비를 뚫고 정현이의 자취방으로 가는 길에 문득 정현이에게 정말 하고 싶은 이야기가 생각났다. 오늘 낮에 회색 담벼락에서 보았던 그 흔한 문장이다. "정현아. 인생은 정말 알 수 없더라. 힘들고 고통스러운 일이 있어도 그 순간 순간에 잠시 느껴지는 기쁨. 그거면 사람은 또다시 일상을 살아갈 힘을 얻게 되는 것 같아. 그러니까 너도 너무 얽매이지 말고 하고 싶은 거 다 하면서 살아."

나름 진지하게 목소리를 깔고 말한 이야기를 제대로 알아들은 게 맞는 건지 아니면 조금 취한 건지 평소보다 한 톤 올라간 목소리로 "알겠어 형~~!"이라며 따라오는 정현이와 어깨동무하고 함께 걸어간 그 길은 여행 중 걸었던 그 어떤 걸음보다도 소중한 기억으로 내게 남아있다.

TIP
시골 마을버스는 교통카드가 안 되는 경우가 있다.
여분의 현금을 늘 소지하고 있을 것!.

"정현아, 인생은 정말 알 수 없더라.
 너무 얽매이지 말고 하고 싶은 거 다 하고 살아."

실은, 스스로에게 해주고 싶은 이야기였다.

10
선택은 언제나 용기의 문제다

D+10 대구광역시

모두가 잠든 밤, 예상 시간보다 조금 늦게 도착한 태풍은 창문을 시끄럽게 두들겨 댔지만, 전혀 듣지 못하고 깊은 숙면을 취했다. 자취방이 너무 편해서인지, 창밖에서 우르르 쾅쾅거리며 시끄럽게 울리는 비바람 소리 때문인지 좀처럼 하루를 시작하기가 싫어서 이불 속에서 꾸물거리다가 배가 고파서 얼굴만 쏙 내밀고 정현이에게 배고프지 않냐고 물어봤다. 정현이도 학기 중 오랜만에 찾아온 휴식을 깨고 싶지 않은지 고개는 끄덕이지만 움직일 생각은 없어 보였다. 나 역시 마찬가지였기에 결국 배달 음식을 시켜 먹기로 합의했다.

식사를 끝내고 난 뒤에도 좀처럼 그칠 생각이 없어 보이는 비를 바라보며 하루 일정을 고민했다. 어느덧 여행 10일 차가 되었다. 일주일도 못 버틸 거라는 주변 사람들의 생각과 다르게 두 자릿수에 진입하게 된 것이다. 그리 긴 시간 동안 여행한 것은 아니었지만 매일 쉬지 않고 움직였는데 오늘 같은 날은 조금 쉬어도 되지 않겠냐는 생각이 문득 들었다. '그래, 어차피 계획과 결정은 내가 내리는 건데 하루쯤 쉬면 어때. 꼭 하루를 꽉 채워야 할 필요가 있나. 하루쯤 그냥 흘러가는 것도 괜찮겠지…' 하루 일정을 생각하다가 인생의 깨달음까지 얻게 된다.

1시간가량 고민의 시간이 끝나고 다시 이불속에 들어가 가장 편한 자세로 자리를 잡은 지 10분 뒤… 갑자기 빗소리가 멎더니 해가 뜨기 시작했다. 언제 그랬냐는 듯 뻔뻔하게 맑아지는 하늘에 잠시 할 말을 잃었다가 "아… 네, 알겠습니다. 움직일게요. 움직인다고요!"라고 누구에게 하는 말인지도 모를 혼잣말을 구시렁대며 씻으러 욕실에 들어갔다.

구시렁대긴 했지만 날씨가 맑아지니 기분이 좋아졌다. 어쩌면 그냥 흘려보낼 뻔한 하루를 조금 늦게나마 시작해서일지도 모르겠다. 하루의 시작을 준비하기 위한 과정은 늘 고통스럽지만, 막상 일어나서 하루를 보내면 행복한 일이 훨씬 많다. 문득, 어느 잡지에서 보았던 이외수 선생님의 인터뷰 내용이 생각났다. "제가 제일 좋아하는 일이 책상에 앉아서 글을 쓰는 거예요. 앉아서 글을 쓰고 있으면 시간 가는 줄도 모르고 그렇게 행복해요. 그런데 제가 제일 싫어하는 일이 뭔지 아십니까? 바로 침대에서 벗어나서 책상 앞으로 가는 일이에요. 허허."

자신이 가장 좋아하는 일을 하기 위해서 때로는 싫은 일을 해야 하는 용기와 결단력이 필요하다. 나는 이 사실을 20대 중반에서야 알게 되었으니 어쩌면 나보다 빨리 깨달은 사람들은 좀 더 좋아하는 일을 빨리 시작할 수 있지 않을까? 혹시 모르지 않나. 그렇게 하기 싫었던 일 뒤에 내가 좋아하는 일이 기다리고 있을지.

1시간의 고민 끝에 내린 하루를 쉬겠다는 결단은 10분 만에 번복되었고 결국 다시 떠날 준비를 마친 뒤에 정현이에게 작별의 인사를 건넸다. 어젯밤 편하게 쉬어서 그런지 다시 멘 가방의 무게가 조금 낯설었지만, 곧 적응될 무게라는 것을 생각하며 가방끈을 꽉 쥐었다. 자취방에서 출발하기 전 다시 떠나는 나를 부러움 반 걱정 반으로 쳐다보는 정현이를 꽉 안아주고는 2만원을 용돈으로 줬다. 한사코 거절하는 걸 밥이라도 사먹으라고 억지로 손에 쥐여주고는 한결 가벼워진 몸 상태와 마음으로 다시 출발했다.

태풍이 지나간 자리는 항상 맑다. 가까운 지하철역으로 가기 위해서는 영남대를 가로지르는 게 가장 빠르다고 하지만 전국에서 2번째로 면적이 넓은 학교답게 지하철로 가는 길이 꽤나 멀었다. 학교를 가로지르는 데만 20분 이상이 걸리다니… 그래도 쫓기는 일정이 없으니 마음 편히 여기저기 구경하며 걷는 것 자체가 힐링이다. 평지인 데다 녹지가 많아서 마치 영화에 나오는 외국 주택단지를 걷는 느낌이었다.

천천히 여기저기 구경하며 걷다 보니 30분을 소비해 지하철에 도착했다. 드디어 경남을 벗어나 경북으로 올라갈 생각을 하니 설렌다. 또 다른 지역으로 떠난다는 두근거림을 가지고 지하철역으로 들어섰다. 그런데 …없다. 여행 시작 전 교통카드를 만들어 10만 원을 충전해서 가지고 있었다. 심지어 여행 중 조금이나마 덜 외롭고 싶어서 (?) 구입한 레드벨벳 슬기님의 사진이 담긴 교통카드였다.

경산 영남대학교

아뿔싸! 어제 술 먹고 정현이에게 자랑하다가 책상 위에 그대로 놔두고 온 모양이다.

잠시 고민의 시간을 가졌다. 교통카드를 포기하고 새로 사느냐, 아니면 정현이에게 연락을 하느냐. 그러나 고민도 잠시, 아직 돈이 꽤 남아있는 교통카드를 차마 포기할 수 없었던 나는 정현이에게 전화할 수밖에 없었다. 전날까지 계속 학교에서 작업을 한 뒤라 오늘은 밖에 안 나갈 거라던 정현이는 형이 교통카드를 놔두고 갔다는 비보에 부랴부랴 택시를 타고 지하철 역까지 와주었다. 30분 전에 아련하게 인사하고 헤어졌던 정현이를 다시 보는 것도 민망했지만 오늘 집에서 쉴 거라고 했던 정현이가 두말하지 않고 뛰어나와 준 건 정말이지 감동이었다. 이왕 씻고 나온 거 학교에 가서 밀린 과제라도 해야겠다며 씩 웃어 보이는 정현이는 내가 보이지 않는 순간까지 뒤에서 손을 흔들었다.

내 실수로 인해 대구에서 만나기로 한 친구 하광이를 잠시 기다리게 한 나는 허겁지겁 약속 장소로 뛰었다. 이번에 대구에서 만나는 하광이는 실제로 만나는 것은 두 번째이지만 오래전부터 꾸준히 블로그를 통해 교류하던 친구다. 같은 건축을 전공하고 휴학을 한 나와는 달리 졸업을 앞두고 있는 하광이는 고민이 많아 보였다. 나도 곧 하게 될 고민을 먼저 겪고 있는 친구를 보며 해답을 줄 수는 없었지만 그렇기에 더 많은 이야기를 들을 수 있었다. 당시 하광이는 취업에 대한 고민이 많았다. 다행히 하광이는 한 번에 자신이 가고 싶어 했던 좋은 회사에 합격하게 되지만 이건 조금 더 나중의 이야기다.

짧았던 친구와의 만남을 끝내고 결정의 순간이 왔다. 대구에서 하루를 더 보낼지, 늦게라도 안동으로 넘어가서 하루를 끝낼지에 대해 고민하고 있는데 문득 13년 지기인 상화가 안동대학교에 다니고 있다는 사실이 기억났다. 어려서부터 잘 알고 지낸 죽마고우다. 꽤 오랜만에 연락을 하지만, 목소리에 애틋함이라고는 전혀 없다.

"야 상화, 나 안동 갈 것 같은데 너희 집에 가도 되냐?"
"나 오늘 저녁에 약속 있는데 일로 올래? 같이 놀고 우리 집 가서 자던지."
"그래, 그럼 나 너 믿고 간다."

오래된 친구는 구구절절 설명을 안 해도 돼서 좋다. 그렇게 안동역에 떨어지니 저녁 9시가 넘은 늦은 시간.

다시 상화에게 전화하니 주변이 시끌벅적한 게 이미 술자리가 무르익은 것 같다. 지도에 찍어준 장소까지 택시를 타고 내리자마자 보이는 상화가 이렇게 반가울 수 없다. "이야~ 내가 너를 안동에서 다 본다잉?" 반가운 인사를 뒤로 하고 들어간 가게 안에서 상화는 내 소개에 여념이 없다. "여기는 내가 항상 말했던 진~짜 열심히 사는 친구. 얘가 얼마나 대단하냐면… @@#$!#$#" 목소리가 커지고 말이 길어지는 걸 보니 이미 거하게 한잔 하신듯하다.

'휴… 오늘 밤은 상당히 길겠구나…' 피곤하겠다는 생각이 들지만 기분 좋게 받아든 술잔에는 이미 소주가 차오르기 시작했다.

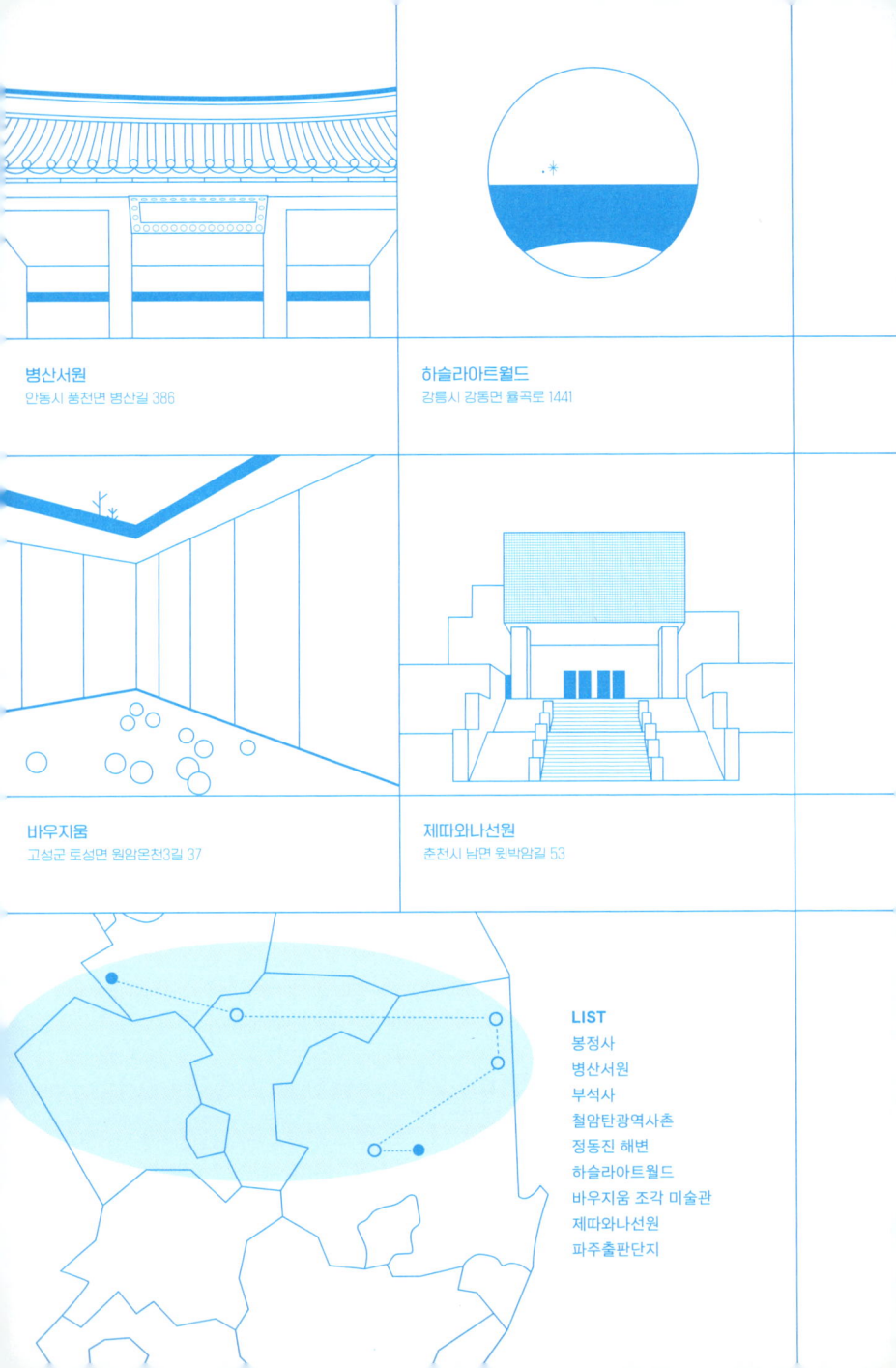

CHAPTER 2
시간이 멈춘 듯한 그 곳에서

11
조금 심심하지만 깊은 맛이 나는 도시

D+11 경북 안동

아이고 머리야… 언제 상화 집에 들어왔는지, 몇 시에 잠들었는지 기억나지 않는다. 피곤한 상태에서 분위기에 취해 들이부은 술을 이기지 못할 걸 알면서도 계속 마신 탓이다. 몰려오는 두통에 잠시 몸을 일으켰다가 다시 드러누웠다. 원래 술을 마시고 난 뒤에도 숙취가 없다는 상화는 내가 머리를 감싸고 누워있는 동안 빠르게 나갈 준비를 마친 상태였다. 이렇게 안동까지 찾아왔는데 오늘은 자기가 안내하겠다며 나서는 상화에게 차마 움직이지 못하겠다고 말할 수 없었던 나는 원망과 고마움이 8:2로 나누어 담긴 표정으로 뭉그적뭉그적 따라나섰다.

렌터카까지 빌린 상화가 운전대를 잡고 나는 조수석에서

지시를 하기 시작했다. 안동에서의 첫번째 목적지는 여행 목표였던 [세계문화유산 지정 7개 사찰 방문하기] 중 두 번째로 방문하게 될 안동 〈봉정사〉이다. 봉정사는 추석에 가족들과 함께 할머니 댁에 가기 전 잠시 들렸던 곳이라 감회가 더욱 새롭다. 나는 분명히 기억한다. 2주 뒤에 다시 봉정사를 방문할 것이라고 했더니 대놓고 비웃었던 아빠의 얼굴을... 물론 지금 몸 상태는 엉망이지만 스스로 한 말을 지켰다는 사실은 꽤 큰 성취감을 들게 해주었다.

분명 같은 장소이지만 누구와 왔는지에 따라 느낌이 완전히 다르다. 가족들과 왔을 때는 시시콜콜한 대화를 나눈다고 건물과 풍경을 제대로 보지 못했는데 오래된 친구와 방문하니 서로 가볍게 말을 건네지 않고 서성거리며 각자 하고 싶은 것을 한다. 하늘을 올려다봤다가 낡은 목제 기둥을 손으로 쓸어보기도 하고, 친구 뒷모습을 물끄러미 바라보기도 해본다. 지금 내가 숨 쉬고 있는 이 순간, 내 입꼬리가 살짝 올라가 있다는 것을 문득 깨닫는다.

이제 갈까? 라는 담백한 물음에 고개를 끄덕임으로써 간결하게 답한 뒤 우리는 천천히 왔던 길을 돌아 내려왔다. 터벅터벅 걷는 소리와 함께 나지막한 목소리로

"괜찮네."라고 중얼거리는 상화의 한마디에 대답하지는 않았지만, 그냥 씨익 웃었다. 그거면 충분했다.

자동차가 있으니 정말 편하다는 생각이 든다. 다행히 걷는 것을 좋아하는 데다가, 지금 내가 도보여행을 하고 있음을 잊지 않으려고 부단히 애쓰고 있지만, 한번 자동차를 타게 되면 그 편안함에 도취되어 도보여행의 목적을 잊지는 않을까 걱정했었다. 그 걱정 했던 시간이 민망할 정도로 이미 편안함에 도취된 나는 상화가 운전하는 자동차의 조수석에 앉아 여전히 지끈거리는 머리를 붙잡고 멍하니 앞만 쳐다보고 있었다.

15분 정도 차를 타고 달려간 두 번째 목적지는 상화가 청와대보다 으리으리하니 놀라지 말라고 했던 〈경상북도 신청사〉이다. 규모를 보고 한번 놀라고 주변에 정말 아무것도 없는 신도시의 풍경에 두 번 놀랐다. 버스 정류장조차 없어서 버스로 이동했다면 오지 못했을 거라는 확신이 들었다. 압도적인 규모에 놀란 것도 잠시, 아직 제대로 된 기능을 하지 못하는 도시의 모습에 흥미를 잃고는 다음 목적지로 발길을 돌렸다.

마지막 목적지는 〈병산서원〉이다. 서둘러 움직여 겨우 도착한 서원은 곧 폐장 시간이 될 예정이었다. 만약 누가 병산서원에서 가장 아름다운 순간을 아느냐고 물어본다면 나는 우리가 병산서원에 도착했던 10월의 무르익은 가을의 오후 5시경이라고 대답할 것이다. 아직 어둠이 오기 전 그날의 일을 마친 해가 마지막으로 붉은빛을 거두고 노랗게 물들 때쯤 우리가 그곳에 있었던 순간은 정말 아름다웠다. 서로 일면식도 없는 사람들이 다 같이 마루에 쪼르르 앉아 같은 곳을 바라보던 경험은 정말 잊지 못할 것 같다. 나도 모르게 "아 좋다…"고 중얼거리며 그렇게 한참 동안 풍경을 바라보았다.

하루 종일 내 기사가 되어 주었던 상화는 다음 목적지인 영주로 가는 버스 정류장 앞에서 나를 내려주었다. 주차할 곳이 마땅치 않아 바로 떠나야 했던 상화는 딱 두 마디를 남겼다.

"잘 가래이. 창원에서 보자."

그래, 그 두 마디면 되었다. 굳이 끌어안지 않아도, 간지러운 말을 안 해도 전해지는 마음이 있다. 도시도 결국은 사람에 의해 기억된다. 그렇게 안동은 나에게 조금 심심하지만 깊은 맛이 있는, 곱씹을수록 가슴이 찡해지는 그

안동 병산서원

런 도시가 되었다.

상화와 헤어진 후 영주에 도착해 숙소를 잡고 깨끗하게 씻은 뒤 누워서 오늘 촬영한 사진을 보았다. 분명 바쁘게 돌아다닌 것 같았는데, 찍은 사진이 별로 없었다. '하긴 오늘 컨디션이 영 안 좋긴 했지.' 반나절을 고생한 두통을 생각하니 오싹했다. 그래도 천혜의 자연이 주는 아름다움을 나름의 구도로 잡고 예쁘게 찍은 사진들을 쓱쓱 넘기다가 한 사진에서 잠시 손가락을 멈췄다. 빛도 번지고 구도도 이상한, 그야말로 제멋대로 찍은 사진이다. 그런데도 이상하게 쉽게 다음 사진으로 넘길 수 없는 그 사진에는 오늘 온종일 나와 함께 있어 준 상화의 앞서 걸어가는 뒷모습이 찍혀있었다.

"잘 가래이.
창원에서 보자"

12
네가 먼저 걸었으니 앞서 가는 게 옳다

D+12 경북 영주

영주다, 영주에 도착했다. 영주가 반가운 이유는 명절마다 방문하는 할머니 댁이 있는 곳이기도 하지만, 이제 영주만 지나면 드디어 강원도로 떠나기 때문이다. 살면서 군 시절을 제외하고 강원도를 가본 적이 있었던가… 여행을 시작한 지 벌써 2주가 다 되어가지만, 아직 경상도를 벗어나지 못한 내가 완전히 새로운 곳으로 떠나기 전 마지막으로 방문하는 도시가 우리 할머니가 계신 곳이라는 사실은 꽤 든든하게 의지가 되는 일이었다. 그러나 내가 영주에 도착했다는 사실을 할머니뿐만 아니라 다른 친척들, 심지어 친하게 지내는 사촌 형에게도 말하지 않았다. 지금 생각하면 안부 인사라도 전해드렸으면 좋으련만, 그때의 나는 조금 더 자유롭게 여행객으로써 영주를 돌아다니고 싶었다.

영주는 노후화된 곳이 많았지만, 내가 생각했던 것 이상으로 도시를 살리기 위해 노력하는 모습이 보였다. 걷다가 발견한 중앙시장에서 깔끔하게 정돈된 상점들을 볼 수 있었고, 바로 옆의 후생시장 역시 단정하게 사람들을 맞이하려는 모습들이 보였다. 다만 아쉬운 점은 아직 활성화가 되지는 않았는지 지금 같은 비수기에는 사람들을 찾아보기 어렵다는 점이랄까? 그래도 잘 정돈된 길들과 서로 높이를 맞추고 있는 건물들, 깔끔하게 정리된 골목을 보니 곧 사람들이 복작거리겠다는 확신을 가질 수 있었다.

가는 길에 배가 고파 식사를 하기로 했다. 다양한 도시를 돌아다니다 보니 가능한 못 먹어본 음식, 쉽게 먹을 수 없는 지역 음식을 찾게 되는 경향이 있다. 근처에 하얀 국물의 맛있는 감자탕 집이 있다는 소식에 부리나케 뛰어갔지만, 하필 금일 휴업이란다. 아쉽지만 곧바로 다른 음식으로 눈을 돌렸다. 바로 앞에 있는 유명한 빵집인 〈태극당〉에 들려서 시그니처 메뉴인 카스테라 인절미를 먹었다.

포슬포슬하면서 쫀득한 떡이 입안에서 뒤섞인다. 솔직히 나는 완전한 한식파(밥!!)이기 때문에 크게 만족하지는 못했지만, 그래도 상당히 맛있었다. 빵과 떡을 좋아하는 사람이라면 계속 집어먹을 수 있을 법한 맛이다. 적당히 배를 채웠으니 다시 길을 떠나본다.

아까 본 도시재생사업이 마음에 들어 그냥 고즈넉한 동네를 구경한다고 생각하고 구성마을로 향했다. 이곳도 영주시에서 도시재생사업을 진행하고 있는 곳인데 젊은 인구가 별로 유입되지 않고 노인 인구가 많은 곳이다 보니 다른 곳에서 볼 수 없는 색다른 장소들이 보였다. 〈할매묵공장〉, 〈할배목공소〉. 귀여운 이름과 깔끔한 건물들을 구경하다 마을 초입에 있는 〈소담 카페〉가 눈에 들어왔다. 아메리카노 1500원. 착한 가격에 서둘러 들어가 보니 놀랍게도 카페 안에 코인 세탁기와 건조기가 있었다! 할머니 두 분이 운영하고 계신 이곳에서 1500원짜리 커피를 주문하고 여태 쌓인 빨래를 한방에 해치우기로 했다. 게다가 다음 목적지인 〈부석사〉에 가는 길이 인터넷으로 아무리 검색해 봐도 헷갈려서 끙끙대고 있었는데 주인 할머니께서 아주 명확하게 설명해 주셨다. 가끔 이렇게 나의 상황에 딱 맞아떨어지는 행운이 내게 올 때면 고개를 들어 파란 하늘에 감사 인사를 드렸다.

부석사행 버스 시간은 2시간가량 남았고 맡긴 빨래는 1시간 정도 걸린다고 해서 무거운 가방은 잠시 맡기고 카페를 나섰다. 내 손에는 시원한 커피가 들려있고, 하늘은 맑고 푸르며, 바람은 적당할 때 내 이마를 스쳐 지나간다. 여행을 하면서 이보다 더 좋은 순간이 있을까? 아직은 조금 더운 10월의 맑은 하늘 밑에서 커피를 쪽쪽 빨며 마치 동네 주민처럼 골목골목을 쏘다녔다. 젊은 사람들이 없어서 그런지 동네가 조용했지만, 그 모습이 참 편안해 보였다. 원래 있어야 하는 것들이 그 자리에 있고, 물이 위에서 아래로 흐르듯 그런 당연한 풍경들이 가끔은 특별하다 느껴질 때가 있다.

원래대로라면 차가 지나다니기 바빠야 할, 골목이라 하기에는 넓고 도로라고 하기에는 좁은 길을 당당하게 중앙으로 워킹한다. 계속 그 길을 당당하게 걷다가 슬쩍 뒤를 돌아봤다. 차가 많은 도시에서 자란 버릇이다. 내가 걷는 길을 계속 뒤돌아보는 것. 그런데 정말로 내 뒤에 차가 있었다. 깜짝 놀라서 옆으로 비켜섰는데 생각해보니 이 길은 따로 빠지는 길 없이 꽤 긴 직선 구간이었고 나는 그 길을 절반쯤 걸어온 상태였다. 그렇다는 것은 차가 내 뒤를 천천히 따라왔다는 뜻이다. 내가 걷는 속도에 맞춰서. 자기가 먼저 가야 한다고 경적을 누르지 않고 천천히 따라온 것이다. 내가 이 길을 먼저 걷고 있으니 앞서가는 것이 당연하다는 듯이. 내가 옆으로 비켜서자 창문을 내리고 비켜줘서 고맙다는 미소와 함께 가벼운 묵례를 전하셨던 노신사를 나는 평생 잊을 수 없을 것 같다.

작은 마을이라고는 하지만 구석구석 골목길을 탐험하다 보니 생각보다 시간이 더 오래 걸렸다. 1시간을 조금 넘겨 다시 도착한 카페에는 뽀송하게 건조까지 마친 빨래가 깔끔하게 개어져 가방에 들어가 있었다. 주인 할머니께서 세탁이 다 된 옷을 시간에 맞추어 건조기에 넣고 다시 빼서 개어 가방에 넣어주신 것이다. 사소하지만 깊은 정성에 고개 숙여 감사의 인사를 드렸다. 따뜻하게 온기가 들어간 가방이 조금 가벼워진 것 같았다.

시간에 딱 맞추어 도착한 버스를 타고 드디어 부석사로 향했다. 여기서 한 시간은 더 들어가야 하지만 버스를 타고 가며 보이는 바깥 풍경이 참 예뻤다. 귀에 이어폰을 꽂고 창밖을 바라보고 있으니 어느새 절에 도착했다. 여느

절이 그렇듯 부석사도 상당히 경사가 높은 산지에 위치하고 있다. 올라가는 길은 힘들었지만 그만큼 올라가서 내려다보는 풍경이 장관이라는 것을 알고 있기에 꿋꿋하게 걸음을 옮겼다.

부석사는 누하진입* 형식으로 지어져 있어서 계단을 올라서 고개를 들면 비로소 웅장한 절의 모습이 보이게 된다. 묵직한 가방을 등에 메고 올라왔더니 땀에 흠뻑 젖었지만, 뒤를 돌아보는 순간 숨이 멎을 것 같다.

---

* 누하진입
  누각 아래로 들어간다는 뜻으로, 천장에 시야가 가려지면서 고개를 숙이거나 몸을 낮추어 들어가게 된다. 부처님이 계시는 곳으로 들어갈 때 몸을 낮춰 겸손함을 저절로 보이게 되는 구조다.

영주 부석사

아름답다. 참으로 아름답다. 가을의 부석사는 정말 아름답구나. 하늘은 너무 파란데 그와 대조되게 산은 녹색으로 푸르다. 곳곳에 빨갛게 노랗게 물들고 있는 볼터치들은 산을 더 매력적으로 만들어준다. 멍하게 한참을 내려다보다가 전화기를 꺼내 엄마에게 영상전화를 걸었다. 몇 번의 신호음 뒤로 엄마의 목소리가 들렸다. "아들, 잘 지내고 있어?" 여전히 엄마는 내가 어디에 있는지 보다 내가 잘 지내는지가 먼저인가 보다. 옆에서 아빠의 목소리가 들려 잠시 아빠를 바꿔 달라고 했다. 영상으로나마 눈앞에 있는 파란 하늘과 산을 보여주는데 그런 건 아빠 눈에 안 들어오나 보다. 26살이나 먹은 아들이 고생하면 얼마나 한다고 밥은 잘 먹고 다니는지, 아픈 데는 없는지 질문을 쏟아낸다. 그래, 내가 졌다. 아무래도 엄마 아빠는 눈이 시리도록 파란 하늘보다, 알록달록 곱게 물들기 시작하는 산보다 그냥 아들 얼굴이 더 보고 싶은 모양이다. 하늘을 비추던 카메라를 돌려 내 얼굴이 향하게 놔두었다. 엄마 아빠의 웃고 있는 얼굴이 보인다.

올라갈 때는 목표를 바라보며 걸어서 그런지 그렇게 힘든 줄 몰랐는데 10kg이 넘는 가방을 지고 가파른 경사를 내려가는 길은 상당히 힘들었다. 하지만 나는 이 고통을 잊는 법을 알고 있다. 하하. 부석사는 올라가는 길 양옆으로 사과 과수원이 펼쳐져 있다. 그곳에서 막 따온 사과를 파는 할머니들은 높은 경사에 놓인 부석사를 다녀오는 사람들이 무엇을 원하는지 잘 알고 있다. 시원한 사과즙이 1팩에 1,000원! 아, 이 유혹을 어떻게 떨칠 수 있으랴. 나는 홀린 듯 지갑을 꺼내 사과즙을 구입했다. 그 자리에서 먹기 좋게 잘라주시는 사과즙을 받아 들고는 그대로 원샷한다. 정말 말도 안 되는 맛의 액체가 목구멍을 타고 넘어간다. 이마에 맺혀있던 땀과 피로가 쏙 들어가는 맛이다. 파란 하늘도, 예뻤던 산도, 시원했던 바람도 다 좋았지만 결국 이 사과즙 맛을 잊지 못해 나는 다시 부석사에 오를 것 같다.

TIP
부석사를 방문하게 된다면 현금을 챙겨가서
꼭, 반드시 사과즙을 마셔보자.

13
등산은 하산까지 완료해야 끝이 난다

D+13 소백산

따르릉… 따르릉… 알람 소리에 눈을 뜨니 낡은 모텔의 천장이 눈에 들어온다. 잠시 멍하게 있다가 한숨을 푹 쉬고는 몸을 일으킨다. 지금 시간은 새벽 5시. 어젯밤 늦게까지 뒤척인다고 잠을 못 잤더니 머리가 어질어질하다. 나는 지금 나름의 도전을 앞두고 있다. 이야기는 여행을 출발하기 전으로 잠시 돌아간다.

한창 여행 계획을 세운다고 책상 앞에서 분주하게 움직이던 날, 아빠가 슬쩍 다가와 여행 계획을 물어보았다. 계획 없이 욕심만 많았던 나는 해남 땅끝마을도 가고 통일 전망대도 볼 것이며, 정동진에서 일출도 보고 전국의 산들도 등반할 것이라고 말했다. 내 이야기를 가만히 듣고 있던 아빠가 갑자기 코웃음을 쳤다. '등반'이라는 두 글자에서 말이다. 산을 좋아하는 아빠와 다르게 아들은 1년에 한 번 뒷산을 오르는 것을 제외하고는 산을 타본 적이 거의 없다. 그런 아들이 여행 중에 산을 오른다고 하니 아빠가 코웃음 치는 건 어쩌면 당연할 수도 있겠지만, 아들은 이미 아빠의 코웃음에 혼자 전의를 불태우고 있었다.

그렇게 다시 낡은 모텔 방 안, 정말 수십 번 고민하고 여기까지 왔다. 지금 내가 있는 곳은 〈소백산〉을 오르기 위해 숙소로 정한 풍기역 앞 낡은 모텔이다. 고작 등산 하나 하는 것이 왜 이렇게 긴장되던지 어젯밤 잠을 이루지 못했다. 자꾸 내 머릿속에 드는 생각은 여행을 와서도 스스로 몸을 혹사해야 하는가에 관한 물음이었다. 어느 정도 스스로 핑계를 대는 것일지도 모르겠지만, 평소에 오르지도 않는 산을 굳이 지금 이 시기에 올라야 하나라는 생각은 나를 계속해서 불안하게 했고 결국 나를 한숨도 자지 못하게 만들었다.

이미 떠진 눈은 좀처럼 다시 감기지 않았고 침대에서 뒤척거리며 시간을 까먹다가 마음을 다잡고 벌떡 일어나 욕실로 향했다. 생각이 너무 길어지면 행동하지 않게 되고, 결국 그대로 포기하게 된다는 것을 오랜 경험 덕분에 잘 알고 있다. 이럴 때는 일단 순서대로 차근차근해보는 게 최선이다.

찬물로 샤워를 했더니 정신이 조금 맑아졌다. 다음 단계로 짐을 챙겨서 밖으로 나온 뒤 어젯밤 미리 알아놨던 이른 시간에도 아침식사가 되는 식당으로 들어갔다. 정갈하게 차려진 청국장 정식을 먹으니 정신이 돌아오며 힘이 났다. 든든하게 배를 채우고 늦지 않게 등산로 입구까지 가는 버스를 타기 위해 부지런히 발걸음을 옮겼다. 다행히 시간에 맞춰 도착한 버스에 앉아 창문을 열고 차가운 바람을 쐬니 쿵쾅거리던 심장이 조금은 진정되었다. 창문을 통해 바람이 들어올 때마다 괜히 후, 하 숨을 크게 들이마셨다가 내쉬었다.

아침 일찍부터 움직였다고 생각했지만 벌써 태양은 가장 높은 곳을 향해 오르고 있었다. 등산 시작점은 삼가주차장. 주차장에서 조금 올라가니 야영장에서 하룻밤을 보낸 가족들의 모습들이 보였다. 평화롭게 산책하고 있는 사람들을 보니 조금 안심이 되었다. 그냥 편하게 천천히 오르면 된다. 별거 아니다.

젠장, 별거 아니라고 스스로 다독이며 걸은지 30분도 안 되어 머리가 핑핑 돌기 시작했다. 두통의 원인은 분명히 어젯밤 제대로 잠을 이루지 못해서 나온 피로와 스트레스임에 분명했다. 평일이라 그런지 나와 같이 산을 오르는 사람은 아직 아무도 없고, 산을 오르는 도중에 [위험, 멧돼지 출몰지역]과 같은 경고 표지판은 혹여 저 빽빽한 나무 숲 사이에서 갑자기 멧돼지가 튀어나오지는 않을까 나를 한껏 긴장하게 했다.

산을 오르기 시작한지 1시간여, 이미 정상을 보고 내려오시는 어르신들은 나를 보고는 "역시 젊음이 좋긴 좋아."라며 지나치셨다. 내 모습이 등산에 적합한 모습은 아니었기 때문이다. 반바지에 맨투맨, 허리에는 작은 힙색 하나, 그 안에 들어있는 것은 500ml 생수 2병과 초콜릿 2개뿐. 무식하니 용감하다 했던가. 정말 어르신들 말씀대로 젊음 하나 믿고 덤벼든 꼴이다. 그러나 가끔은 너무 타이밍만 재면서 기다리기보다 아무것도 모를 때 겁 없이 도전해볼 필요도 있는 거다.

그런 순간이 있다. 바삐 움직이던 내 머리가 잠시 멈추고 오로지 내 한 걸음 한 걸음에만 집중하게 되는 순간. 이제 들리는 소리는 내 숨소리와 한 발 한 발 내디딜 때마다 들리는 발소리 밖에 없다. 한참을 땅을 보며 걷다가 문득 정상까지 얼마나 남았나 싶어 고개를 들어 목적지를 바라봤지만, 나무가 우거져 보이지 않았다. 결국, 정상까지 남은 거리를 추측하는 것을 포기하고 계속 한 걸음 한 걸음 걸었다.

얼마나 시간이 지났을까? 드디어 정상이 보이기 시작했다. 더는 오를 곳이 없고 모든 것이 내 아래에 있다. 그제야 올라왔던 길을 한번 되돌아봤다. 잠시 그런 생각을 했다. 내가 정상까지 거리를 정확하게 알고 걸었다면 과연 도착할 수 있었을까? 어쩌면 목적지가 명확하게 보이지 않아 무작정 걸어온 한 걸음 한 걸음이 나를 정상에 오를 수 있게 한 것은 아닐까? 목표를 정확하게 인지하고 가는 것도 중요하지만 때로는 아무 생각 없이 습관처럼 하는 노력이 목표를 달성할 수 있게 해준다. 산을 오르며 참 많은 것을 배웠다.

정상에 도착해 아래를 내려다보면서 가지고 온 초콜릿과 물로 배를 채우니 땀이 식어 몸이 서서히 차가워졌다. 이대로 있다가 감기에 걸릴 것 같아 얼른 하산길을 찾았다. 왔던 길을 그대로 내려가도 되지만 새로운 길을 걸어보고 싶어져서 잠시 고민하다 〈희방폭포〉를 볼 수 있다는 하산길을 택하고 바로 출발했다.

멀리서 볼 때는 거대하고 명확했던 산이
막상 오르기 시작하면
정상이 어디 있는지 보이지 않게 된다

그렇게 정상과 나의 거리를 재지 않고 묵묵히 걷다 보면
어느새 내가 바라던 정상에 도착해있다

항상 내가 걷고 있는 이 길이
어떤 길인지 알고 가야 한다 배웠건만

내가 홀로 오른 산은
때론 무작정 걷는 미련함도 필요하다 알려주었다

소백산

…뭔가 잘못됐다. 20분 동안 내리막길이 계속 되더니 갑자기 다시 오르막길이 시작되었다. '아니 여기 하산길 아니야? 왜 다시 올라가는 거야?'라는 생각도 잠시, 돌이킬 수 없음을 깨닫고 천천히 걸음을 옮겼다. 그렇게 30분이 지나고… 연화봉이라고 적힌 비석을 발견했다. 아하… 여기는 소백산의 또 다른 봉우리였다. 그래, 어짜피 이렇게 된 것 끝까지 가보자며 마음을 잡고 기운차게 발걸음을 옮기는데 나를 지나쳐 올라가는 한 커플의 대화가 들려왔다. "아 여기 길 너무 힘드네." "우리 내려갈 때는 다른 길로 내려가자." …젠장.

하산길을 너무 우습게 봤던 나는 그 대가를 톡톡히 치르게 되었다. 산은 내려갈 때가 더 힘들다. 급한 경사를 내려가기 위해 단단히 긴장하고 있는 허벅지와 중력과 가속도를 그대로 받아내고 있는 무릎이 덜덜 떨리기 시작했다. 올라갈 때보다 더 심하게 온몸이 땀으로 젖었고 심지어 에너지를 채워줄 초콜릿이나 물도 다 떨어진 상태였다. 탈진한 상태로 도저히 한 걸음도 더 걷지 못할 것 같아서 그 자리에 주저앉았다. 아까 분명히 식량을 다 먹은 것을 알면서도 가방에 나에게 필요한 것이 있기를 간절히 기도하며 뒤적거렸다. 그리고 기적이 일어났다. 가방 앞주머니에 지난번 울산에서 헌혈을 하고 받았던 초콜릿이 남아 있던 것이 아닌가! 서둘러 초콜릿을 입에 넣고 온몸으로 당이 퍼지는 것을 느끼며, 착하게 살아야겠다는 그 당연한 가르침을 다시 한번 마음에 새기게 되었다.

생각지도 못했던 초콜릿으로 힘을 얻어 하산하고 있는데 어디선가 물소리가 들려왔다. 물소리가 나는 곳으로 가봤더니 나의 하산길을 선택하게 만든 원흉(?)이었던 희방폭포가 보였다. 사실 희방폭포의 실물은 기억이 잘 나질 않는다. 하산길에 희방폭포를 지나쳤다는 것을 인식하게 된 것은 사진첩에 석 장의 희방폭포 사진이 찍혀있었기 때문이다. 그 와중에도 사진은 찍어야 한다 싶었나 보다.

소백산 희방폭포

그 이후로는 산을 어떻게 내려와서 숙소에 도착했는지 기억이 잘 나지 않는다. 거의 기다시피 내려와 도착한 주차장에서 20분은 더 걸어가야 버스 정류장에 도착한다는 소리를 듣고 핸드폰을 꺼내 콜택시를 불렀던 것이 남아있는 몇 안되는 기억의 파편이다. 택시를 타고 근처에 있는 숙소로 가서 따뜻한 물로 씻고 침대에 눕고 나서야 생각했다. "아… 산은 하산까지 완료해야 끝이 나는 거구나… 역시 모든 일은 마무리가 중요하… Zzz…"

TIP
등산은 하산길을 선택하는 것도 매우 중요한 일이다.
모든 일은 마무리까지 해야 끝이 난다는 것을 항상 명심할 것!

소백산

14
시간이 멈춘 그곳에서

D+14 강원 태백

휴~ 다행히 몸이 아프지 않다. 어젯밤 숙소에서 그냥 쓰러지고 싶었지만 혹시라도 다음날 몸에 이상이 생길까 봐 따뜻한 물로 샤워하고 억지로 김밥 한 줄을 먹은 뒤 몸살 약까지 챙겨 먹고 잠들었다. 그렇게 정성을 들인 덕분일까. 오히려 평상시보다 더 개운하게 눈을 떴지만, 욱신거리는 근육통은 어제 일이 꿈이 아니었음을 다시 상기시켜주었고, 이 또한 내가 한층 더 성숙해졌음을 알려주는 훈장이라 생각하니 기분이 좋았다.

오늘은 특별히 들뜰 수밖에 없는 날이다. 생각보다 길어진 경상도에서의 일정을 마무리하고 드디어 강원도로 떠나기 때문이다! 영주를 떠나기 전 앞서 문이 닫힌 관계로 먹지 못했었던 하얀 국물의 감자탕까지 먹을 수 있어 더할 나위 없이 기분이 좋았다.

강원도 첫 목적지는 〈철암 탄광역사촌〉이다. 철암역 바로 앞에 있어 기차로 이동하면 좋지만, 배차 간격이 4~5시간씩 차이가 난다는 단점이 있다. 그렇지만 장기 여행자는 시간에 구애받지 않는다. 예전에는 5분이 아까워서 뛰어다녔는데 지금은 4~5시간 정도 혼자 시간을 보내는 것은 그리 어렵지 않은 일이다.

태백산맥을 두른 상태로 시간이 멈춘 공간이 여기 태백에 있다. 60~70년대에 최고의 전성기를 누렸다는 탄광촌이 버려진 그대로의 모습을 간직한 상태로, 지금이 21세기라는 사실이 믿어지지 않을 정도로 건물과 거리 하나하나 모두 시간이 멈춘 채로 남겨져 있었다.

그 시절의 향수를 느끼기에는 내 나이가 턱없이 부족하였기에 내가 느낀 감정은 '낯섦'이라고 표현하겠다. 분명히 하늘은 맑았고 햇볕은 따사로웠지만 뿌연 석탄가루가 날리고 고단함이 묻어 있는 거리는 낯섦과 동시에 그들에게는 익숙한 일상을 그대로 간직하고 있었다.

태백 철암탄광역사촌

버려진 듯 방치되어 있던 건물들은 모두 겉과 속이 다르다. 그 시절을 그대로 남겨놓은 겉모습과는 다르게 속은 깔끔하게 정돈되어 오롯이 당신들의 이야기를 펼쳐놓고 있었다. 투박하다 못해 거칠다는 표현이 어울리는 솔직한 그들의 이야기에 당신네는 이렇게 살아오셨다는 것을 이해할 수 있었다.

우리 아버지, 어머니 세대보다도 조금 더 위의 할아버지, 할머니 시대의 이야기를 당신들의 손자가 잠시 엿보고 갑니다. 아마 제 뒤의 또 다음 세대가 와서 옛날에는 이런 일들이 있었다는 것을 알게 되겠지요. 당신들을 위해서, 우리를 위해서, 다음 세대를 위해서 언제까지나 이 자리에 이 모습 이대로 남아있어 주시길 바랍니다.

그 시절의 향수를 느끼기에는
내 나이가 턱없이 부족했지만
나의 '낯섦'이 이들에게는 '일상'이었음을
기억하기 위해 언제까지나 이곳에 남아있길

혼자 감상에 빠져 꽤 오랜 시간 돌아다닌 것 같은데 아직 기차 시간은 2시간이나 남아있었다. 5시간 정도는 너끈히 버틸 수 있을 줄 알았던 내 생각이 틀렸다. 밥이라도 먹어야겠다 싶어 근처에 식당이 모여 있는 곳으로 갔다. 당당하게 식당을 향하던 내 발걸음을 주춤거리게 만든 것은 식당 입구에 '2인분 이상 주문 가능'이라고 적혀있는 문장이었다. 그 문장 하나에 급소심해진 나는 입구에서 잠시 서성거렸다. 10분간의 의미 없는 고민의 시간이 지난 뒤 식당에 입장한 나는 신발을 벗기 전 "혼자 2인분 시켜도 되나요?"라고 물었다. 소심한 내 질문에 당연히 가능하다며 자리로 이끈 사장님은 남루한 내 모습이 안쓰러웠는지 서비스로 음료를 하나 주셨다.

강원도에서 처음 먹는 음식은 '물닭갈비'이다. 생전 처음 들어보는 메뉴에 놀랐지만 이런 것 또한 여행의 묘미 아니겠는가. 국내에서 처음 들어보는 음식을 먹어보게 되다니 이것 또한 신기한 경험이다. 물닭갈비는 기존의 닭갈비에 물을 자박하게 깔아 탕처럼 조리하는 음식으로써 옛날 태백 지역에서 광부들이 일을 끝내고 목에 낀 탄가루를 날려 보내기 위해 상대적으로 저렴한 닭갈비를 이용해 만든 음식이라 한다. 그러한 이유로 나 또한 오늘 하루 많이 걸어 다녀 지친 몸을 달래기 위해 따뜻한 국물을 목구멍으로 넘겼다. 그 시절 광부들의 마음이 조금은 이해가 되는 것 같았다.

참 좋은 세상이다. 식당을 나와서도 물닭갈비의 황홀함에 헤어나오지 못해 인스타그램에 사진과 함께 근황을 올렸는데 곧바로 친구 동규에게서 전화가 왔다. 옳거니, 아직 기차 시간이 30분도 더 남았는데 잘됐다. 잠시 안부 인사를 전하려고 했던 동규는 그렇게 나에게 30분 동안 잡혀있었다.

철암역에서 출발하는 마지막 기차를 타고 정동진역으로 향했다. 철암역에서 마지막 기차를 타는 손님은 나밖에 없었다. 조금 쓸쓸했지만, 그냥 기차 한 칸을 통째로 빌린 영화 속 주인공이 되었다고 생각하기로 했다. 자리에 앉아 창밖을 바라보는데 빛 하나 없이 깜깜해서 아무것도 보이지 않았다. 그래서일까. 귀에 꽂힌 이어폰에서 나오는 노랫소리가 더 크게 들리는 것 같다.

드디어 도착한 정동진역은 역시 깜깜해서 아무것도 보이지 않았다. 쏴아아아아아… 별생각 없이 기차에서 내리자마자 시원한 파도 소리가 귀를 감싼다. 지금 내 앞에 까

맑게 아무것도 보이지 않는 그곳에 바다가 있다. 그래, 내가 드디어 정동진에 도착한 것이다.

TIP
최소 2인분을 시켜야 할지라도 먹고 싶은 음식이 있다면
한번쯤은 시켜먹어보자. 상상 그 이상일지도 모른다.

강릉 정동진역

15
함께 같은 곳을 바라본다는 것

D+15 강원 강릉

쏴아아… 알람이 울리기도 전에 침대에서 일어나 샤워를 했다. 지금 시간은 새벽 5시. 오늘은 나에게 굉장히 큰 의미가 있는 날이다. 어느덧 집을 떠나온 지 2주가 지났다. 처음 4주로 계획한 여행 일정대로라면 오늘이 딱 여행의 절반이 지나고 있는 시점이다. 여행의 중반쯤 정동진에서 일출을 보며 마음을 가다듬고 다시 새롭게 여행을 시작한다. 꽤나 멋진 스토리 아닌가. 여행을 떠나기 전부터 여행의 절반이 지난 후에 정동진에서 일출을 맞이하는 내 모습을 계속해서 상상하곤 했다.

찬 새벽 공기가 피부에 닿자 부르르 몸이 떨려왔다. 걸치고 있던 바람막이의 지퍼를 끝까지 올리고는 벌써 사람들이 나와 있는 해변으로 발걸음을 옮겼다. 평일인데다가 비수기라 사람이 한 명도 없을 줄 알았는데 의외로 사람들이 많이 보였다. 사실 사람이 아무도 없는 곳에서 혼자 조용히 일출을 보면 좋겠다고 생각했었는데 막상 옆에 모르는 사람들이라도 없었으면 굉장히 쓸쓸할 뻔했다.

삼삼오오 모여서 해가 뜨기 전 둘러앉아 이야기를 나누고 있는 모습들을 보니 조금 쓸쓸해졌다. 딱히 할 일이 없는 나는 해를 기다리면서 설레하는 사람들의 모습을 한 발짝 떨어져서 지켜봤다. 매일 뜨는 해인데 그게 뭐라고 기다리는 사람들의 표정이 참 설레고 행복해 보였다. '남들이 보는 내 모습도 지금 행복해 보일까?' 혼자 생각하던 도중 해를 기다리는 사람들의 시선이 바다가 아닌 함께 있는 사람들에게 가 있다는 것을 알게 되었다. 아, 그랬구나. 여기 온 사람들은 해가 뜨는 모습을 보러 온 것이 아니라 옆에 있는 사람과 이 순간을 함께 보내기 위해 온 것이구나. 서로를 바라보며 웃고 있는 사람들을 보니 괜히 가슴 한구석이 따뜻해졌다. 유독 내 주위에만 찬바람이 부는 것 같은 건 기분 탓이라고 생각하기로 했다.

한참 지평선을 바라봤지만 구름이 많이 껴서 해의 뚜렷

한 윤곽이 보이지 않았다. 기다리다 지친 몇몇 사람들이 발걸음을 돌리려 할 때 서서히 구름이 걷히기 시작했고, 이미 꽤 올라와 있던 해가 모습을 드러내며 환한 햇빛을 쏟아냈다. 떠오르는 해를 보면 엄청난 감동이 쏟아질 줄 알았는데 그건 아니었다. 일출을 보았다는 감동은 찰나였다. 고작 1분 남짓 해가 올라오는 순간을 보기 위해 1시간 가까이 기다리는 인내심을 발휘했으면서, 스스로의 발전 속도에 대해서는 유독 성급하고 냉정했다는 생각이 들었다. 나도 이제 막 해가 뜨고 있는 과정일 텐데…

여행도 이제 중반에 접어들었다. 잠시지만 소백산에서 얻은 근육통과 함께 바로 옆에 있는 정동진역의 기차에 올라타서 이 모든 게 꿈이었던 것처럼 집에 돌아가 침대에 누우면 어떨까 하고 상상해 보았다. 굉장히 갑작스러운 충동이었다. 잠시지만 핸드폰으로 정동진역에서 창원역으로 가는 기차가 있는지 검색까지 해봤다. 물론 금세 고개를 젓고는 어차피 이렇게 생생한 근육통 때문에 꿈이 아니었다는 것을 금방 알게 될 텐데 이렇게 된 거 조금만 더 꿈을 꾸듯 생활해보기로 마음 먹었다. 일단 오늘은 너무 일찍 일어났으니 조금만 더 자고…

'어쩌면 나는 성급하게 결과를 내야 한다고 압박하며
스스로에게 너무 냉정했던 것은 아닐까?'

잠시였지만 해가 떠오르는 순간에 모든 고민을 접어두고 오로지 해에 집중하게 되는 경험은 신선했고 앞으로 최대한 걱정과 고민을 줄여야겠다고 다짐했다. 그러나 인간은 망각의 동물이랬던가. 숙소로 돌아오는 그 짧은 시간 동안 오늘 먹을 아침 메뉴에 대해서 치열하게 고민했던 건 나만 아는 비밀이다.

숙소에 돌아오자마자 다시 한숨 자고 일어난 뒤 주인이 자리에 없어 혼자 체크아웃을 하고 밖으로 나왔다. 오늘의 일정은 상당히 타이트하다. 강릉은 볼거리가 많고 넓어서 조금이라도 더 많은 것을 보려면 바쁘게 움직여야 한다.

급한 마음과 달리 발걸음은 점점 느려졌다. 그냥 내가 지금 걷고 있는 이 길이, 고개만 틀어도 보이는 바다와 그와 맞닿아 있는 하늘이 전부 예술작품이다. 손에서 카메라를 잡고 놓지 못하다가 제대로 담기지 않는 사진에 결국 촬영을 포기하고 눈에 담기로 했다. 그렇게 한참을 바라보다 엄마에게 전화를 걸었다.

엄마는 지금도 내가 지난 여행 얘기를 꺼내면 이 순간을 회상하신다. 그날 엄마가 전화를 받았던 순간, 터져 나오는 감탄사와 함께 조금은 떨리는 목소리로 여기 너무 이쁘고 좋다고, 지금 너무 행복하다고 외치던 아들의 목소리를 잊지 못하겠다고 하시며 지금도 행복하냐고 물으신다. 그럴 때마다 내 대답은 항상 당연히 "그렇다!"이다.

시선이 닿는 모든 곳이 예쁘다 보니 한참을 천천히 걸어 다녔다. 다리가 조금씩 아파지기 시작한 찰나 한빈이가 전화로 추천해 준 미술관 하나가 기억났다. 오늘의 마지막 목적지로 적합하다고 생각하며 방문한 강릉에서의 마지막 목적지는 바로 〈하슬라 아트월드〉이다.

처음 건물을 보자마자 느낀점은 내 예상보다 훨씬 크다는 것이었다. 1층으로 들어가 표를 끊으려고 하니 직원이 오늘 마감 시간이 3시간 남았다며 괜찮겠냐고 물었다. 시간이 많이 남았는데 왜 그러시는 건지 의아했지만 괜찮다고 말하고 표를 끊고 입장했다.

찰칵찰칵! 겉으로 볼 때는 전혀 몰랐던 새로운 방식의 전시들 덕분에 쉴 새 없이 셔터를 눌러댔다. 1관에서는 독특한 색감의 다채로운 현대미술품을 탁 트인 바다와 함께 보며 즐길 수 있도록 전시가 구성되어 있어 굉장히 감탄했는데 1관과 연결된 피노키오 박물관은 더욱 멋있었다. 각종 피노키오와 함께 전시된 다양한 인형들은 내가 인형의 세계에 침범해버린 건 아닌지 착각이 들 정도였다. 그렇게 정신없이 구경을 하다 보니 2시간이 훌쩍 지났다. 꽤 넓긴 했지만 그렇게 지칠 정도는 아닌 것 같다고 생각하며 건물을 나왔다.

음? 뒤쪽으로 이어진 정원이 있다고 해서 길을 따라 올라가는데 끝이 보이질 않는다. 상당히 긴 길이었지만 다양한 조각품들이 군데군데 적당히 배치되어 있어 심심하지 않게 올라갈 수 있었고 어느덧 나는 산 정상에 올라와 있었다. 그렇다. 하슬라 아트월드는 이 산 전체였던 것이다. 그제야 3시간 밖에 남지 않았다며 걱정스럽게 물어보던 직원의 표정이 이해되었다. 엄청난 규모에 놀란 것도 잠시, 곧바로 산 위에서 내려다보는 강원도의 절경에 온 마음을 뺏겨 버렸다.

시간을 잊고 멍하니 한참을 절경을 만끽하다가 문득 시간을 확인하고 얼른 하산을 시작했다. 나는 분명히 미술관에 왔었는데 하산을 하고 있다니… 정말 별 경험을 다 해본다. 서둘러 산을 내려가 다시 1층 카운터에 방문해 맡겨놓았던 가방을 둘러메니 가방의 무게와 함께 오늘 하루

내내 쌓인 피로가 나를 덮쳤다.

미술관 앞에 있는 도로까지 내려가 의자 하나 없이 덩그러니 박혀있는 버스 정류장 표지판 옆에 철퍼덕 주저앉았다. 가방도 벗어 옆에 두고 도로 바로 옆에 다리를 뻗고 앉아 있자니 뜬금없이 지금 내 모습이 제법 여행자스럽다는 생각이 들었다. 삼각대가 없어 지금 내 모습을 남기지 못함을 못내 아쉬워하며 어떻게 하면 이 괜찮은 모습을 기록할 수 있을지에 대해 고민하고 있는 와중에 저 멀리서 다가오는 버스 랜턴이 보이기 시작했다.

TIP
강원도는 생각보다 훨씬 넓고, 대중 교통 환경이 열악하다.
체력을 많이 소모할 것을 예상하고 움직여야 한다.

강릉 하슬라 아트월드

16
짧지만 자주 행복해지는 방법

D+16 강원 속초

강릉에서 하룻밤을 묵고 버스를 타고 속초로 넘어가는 길이다. 속초는 군대를 전역한 뒤로 처음이다. 버스를 타고 속초로 가는 길에 5년 전 군대로 복귀하던 순간이 생각이 나서 몸을 부르르 떨었다. 볼 것도 많고 놀 것도 많은 속초이지만 나의 오늘 목표는 딱 한 군데. 바로 〈바우지움 조각 미술관〉이다. 예전에 잡지에서 발견한 뒤부터 꼭 내 눈으로 직접 보고 싶었던 공간이다.

바우지움 조각 미술관은 조각가로써 활발하게 활동하고 있는 김선영 조각가님이 관장으로 계시며 설악산 울산바위가 정면으로 보이는 위치에 자리를 잡고 있다. 특히 조각가님의 오랜 지인인 김인철 건축가님에게 설계를 전적으로 위임하여 주변 풍경과 완벽하게 어우러진 모습을 가지고 2018년 '문화공간상 뮤지엄 부분 대상'을 수상한 아주 멋진 공간이다.

나는 그 멋진 공간에 방문하고 싶다는 단 하나의 목적으로 열심히 걷고 있는 중이다. 물론 바우지움 근처까지 운행하는 버스가 있지만 단 한대만이 존재하며, 정확한 운행 시간은 알 수조차 없다고 한다. 그렇다면 괜히 버스를 기다리느라 노심초사할 필요 없이 그냥 천천히 걸어가기로 마음먹었다. 걸어서 2시간 정도 걸리는 거리이지만 이 정도쯤은 천천히 풍경을 즐기며 걷다 보면 금방 도착한다. 날도 좋고, 바람도 적당히 부니 천천히 걸어보자.

이렇게 장시간 걸어야 할 때 가장 도움 되는 물건은 단연 이어폰이다. 내가 이어폰을 사용하는 방법은 다음과 같다. 처음에는 이어폰을 끼지 않은 채 풍경을 보면서 천천히 걷는다. 지나다니는 자동차 소리, 바람 소리를 들으며 온몸으로 길을 느끼다가 귀가 주변 소음에 적응될 때쯤 이어폰을 낀다. 이때 아직 노래는 틀지 않는다. 청각이 둔해지면 자연스럽게 시각이 더 예민해진다. 주변에 있는 풀이 바람을 타고 흔들리는 모습이, 구름이 천천히 오른쪽으로 흘러가는 풍경이 하나하나 눈에 담긴다. 조금씩 그렇게 흘러가던 것들이 어느새 일상적인 것이 돼버리면 그때 가장 좋아하는 노래를 튼다. 천천히 흘러가던 모든 것들이 노래에 맞추어 춤을 추기 시작한다. 내 발걸음도 리듬에 맞추어 조금 빨라진다.

오랜 시간을 걸어야 할 때
챙겨야 하는 준비물은 많지 않다.

넉넉한 마음과
여유로운 발걸음
다정함을 담은 눈
그리고 이어폰.

그리 오랜 시간을 걸은 것 같지 않은데 목적지에 다다랐다. 노래와 함께 춤을 추며 걸을 때마다 시간이 사라지는 경험을 하게 된다. 목적지에 도착했다는 기쁨이 꼭 방문하고 싶었던 곳을 내 힘으로 왔다는 뿌듯함과 합쳐져 배가 되니 더할 나위 없이 기분이 좋다. 얼른 표를 사서 미술관으로 들어갔다.

와… 우리나라에도 이런 건축물이 있었다니 놀랍다. 평평한 대지 위에 투박한 돌로 길을 만들고 벽에는 자연석에 시멘트를 덧붙여 돌의 질감을 한층 더 돋보이게끔 만들어 놓았다. 주변의 풍경을 해치지 않기 위해 단층으로 설계된 뮤지엄은 사람을 공간으로 빨려들게 만든다. 조각품을 구경하는 건지, 주변 풍경을 구경하는 건지 동선이 이끄는 대로 따라 움직이니 울산바위를 배경으로 물의 정원이 펼쳐진다. 물이 움직이는 모습은 햇빛을 만나 반사되어 그림자로써 표현된다. 그 황홀한 움직임에 매료되어 잠시 행복한 멈춤의 시간을 보냈다. 물의 정원을 지나치니 차례대로 돌의 정원, 풀의 정원이 나타났다. 똑같이 비어있는 공간이지만 어떠한 물성을 지닌 재료를 사용했느냐에 따라 확연하게 다른 느낌을 주었다.

속초 바우지움 조각미술관

학부 시절 설계 시간마다 교수님과 선배들에게 귀가 아프도록 들었던 이야기가 있다. 공간에 무언가를 더 넣을 생각하지 말고 서서히 버리라는 말. 항상 듣는 말이면서도 매번 공감되지 않아 한 귀로 듣고 한 귀로 흘렸던 말이다. 그렇게 4년 동안 매일 들어도 무슨 말인지 이해가 되지 않더니 단 한 번의 경험으로 바로 이해했다. 백문이불여일견이라… 역시 백날 책상 앞에 앉아서 책만 보고 있는 것보다 한번 직접 경험해보는 것이 훨씬 낫다.

대가의 공간을 둘러보고 나니 다시 의욕이 활활 불타오른다. 그래도 지금은 곧바로 책상에 앉아서 책을 들여다보고 싶기보다는 앞으로의 여행에서 마주할 공간들을 볼 생각에 설레니 조금은 여행에 익숙해졌나 싶어 기분이 좋아졌다. 2시간을 걸어 먼 길을 왔지만 마주한 공간 덕분에 행복해진다.

행복한 순간도 너무 오랫동안 누리고 있으면 감흥이 없어진다. 그래서 나는 종종 가장 행복하다고 느낄 때 그 순간을 후다닥 빠져나오곤 한다. 늘 약간의 아쉬움이 다시 행복해지기 위한 전제조건이라 믿는 사람이라 어쩔 수 없다. 그래서 나는 짧지만 자주 행복해진다.

행복했던 순간을 잠시 벗어나 바로 옆에 있는 기념품점으로 발걸음을 옮겼다. 아주 예쁘지만, 막상 집에 가면 제 역할을 하지 못하는 (특히 장기 여행자일 때는 짐만 되는) 물건들을 구경하고 있는데, 전시관 큐레이터님이 말을 건네셨다.

"어디 다치셨나 봐요?"

소백산에서 얻은 근육통이 아직 풀리지 않아 붙이고 있는 파스를 보고 말씀하시나 보다. 파스를 붙이고 있는 이유를 설명하려니 소백산 얘기부터 시작할 수밖에 없었다. 한참을 서서 대화를 나누다가 다리 아프겠다며 나를 의자에 앉히시더니 갑자기 어디선가 배를 꺼내 깎기 시작하셨다. 물 흐르듯 자연스러운 그 모습에 아무 말도 못 한 나는 어느새 포크에 찍힌 배를 먹고 있었다. 여행 중 가장 못 먹는 게 과일이라며 내 주먹보다 큰 배를 두 개씩이나 깎아서 내 앞에 놓아주셨다.

과일만으로도 이렇게 배가 불러질 수 있구나. 다 먹기 전까지는 절대 놔주지 않겠다는 눈빛으로 바라보셔서 어쩔 수 없이(?) 배 두 개를 해치운 뒤 감사의 인사와 함께 다음에 또 방문하게 될 때까지 이곳에 계셔달라고 말씀드렸다. 당연하다며 웃어주시는 큐레이터님의 미소 덕에 또 한 번 행복해질 수 있었다.

숙소로 가기 위해서는 또 한참을 걸어야 한다. 출발하기 전에 바로 옆에 있는 카페에 들러 시원한 커피 한 잔의 여유를 즐기기로 했다. 잠시 자리에 앉아 천천히 커피를 마시며 하루의 일정을 정리하고 노트를 펴서 앞으로 어디를 방문할지 체크했다. 아직도 여행할 날은 2주나 남았고, 앞으로 갈 곳도 너무나 많다. 새로운 곳을 걷고 방문하고 느낄 생각에 아랫배가 사르르 아픈 기분 좋은 긴장감이 감돈다. 그때를 놓치지 않고 얼른 일어나 다시 걷기 시작했다. 앞서 말했던 것처럼 가장 행복한 순간에 후다닥 빠져나오는 일은 금방 다시 행복해지기 위해서이다. 아직 갈 길은 멀지만 평화로운 이 길을 천천히 걷기 시작했다.

행복한 순간에서
빠져나오는 걸 두려워 하지 말자

약간의 아쉬움은
또 다른 행복을 전제로 하니까

17
완벽한 날들

D+17 설악산

어젯밤은 조금 특별한 곳에서 머물렀다. 강원도에 온김에 〈설악산〉을 오르고 싶어 근처에 저렴한 숙소를 알아보는 중이었다. 그러다 설악국립공원 근처에 〈설악산속여행자〉라는 게스트하우스를 발견하고 바로 숙소로 결정했다. 옛날 호텔이었던 곳을 게스트하우스로 리모델링한 곳으로 '시설 깔끔', '공간 양호', '가격 저렴'이라는 세가지 요소를 훌륭하게 만족시켰으며 비수기라는 버프를 받아 4인실을 혼자 사용하는 호사를 누렸다. 전날 상당히 많이 걸은지라 다음날 설악산을 등반한다는 긴장감도 없이 바로 잠에 빠져들었다.

너무 푹 자서 멍해진 머리를 붙들고 일어나니 세상이 조용하다. 침대는 여럿인데 혼자 한 공간을 통째로 사용하는 경험은 역시 적응이 되지 않는다. 혼자라 편하긴 하지만 때로는 외로울 때가 있다. 아 물론, 화장실을 혼자 오래 쓸 수 있다는 것은 너무 좋다. 히히.

1층에 준비된 시리얼 한 그릇과 토스트 두 개를 든든하게 챙겨 먹고 가방을 둘러멘 뒤 밖을 나선 순간 그 자리에서 얼어붙고 말았다. 눈앞에 축제가 펼쳐져 있었기 때문이다. 길거리는 오색찬란한 색깔이 반짝이고 도로에는 퍼레이드가 열리고 있었다. 너무 놀라 눈을 비비고 다시 살펴보니 길거리를 가득 메운 오색찬란한 색깔의 정체는 등산객들이 입은 형형색색의 등산복이었고 도로의 퍼레이드는 정체 현상으로 그저 차가 천천히 움직이고 있는 것뿐이었다. 그러고 보니 지금 설악산은 비수기가 아니라 가을 단풍이 절정을 이루고 있는 최고 성수기였다. 심지어 오늘은 토요일이다!

적어도 소백산처럼 외롭게 낙오될 걱정은 안 해도 되겠다고 생각하며 설악산을 향해 걸어가는데 사람들이 일렬로 줄을 서기 시작했다. 왜 갑자기 사람들이 줄을 서는 거지 싶어 앞을 슬쩍 보니 맙소사… 사람이 너무 많아서 줄을 서서 산을 오르고 있는 것이었다. 오 마이 갓… 낙오될 걱정할 때가 아니라 사람이 너무 많아 정상에 오를 수 있을지를 걱정해야겠다.

설악산 입구

다행히 끝이 보이지 않게 늘어서 있던 줄은 대부분 울산바위로 가는 길에 있는 흔들바위에서 사진을 찍기 위해 빠졌고 나는 울산바위를 오르기 위해 바삐 움직였다. 사람이 많이 적어졌다고는 하지만 워낙 길이 좁고 경사가 급해서 결국 한 줄로 움직일 수밖에 없어 나만의 페이스로 움직이기가 매우 힘들었다. 앞에서 누군가가 지쳐서 쉬기 시작하면 나도 함께 잠시 숨을 고를 수밖에 없고, 앞사람이 속도를 내면 뒷사람을 위해서 나도 함께 속도를 낼 수밖에 없다. 한동안 혼자 여행하며 내 속도로만 걸어왔는데 이렇게 또 누군가와 함께 걸으니 기분이 묘했다. 그렇게 얼마간의 시간이 지나고, 앞서가시던 분의 속도가 늦어져 뒤따라오는 내게 미안했는지 가벼운 묵례와 함께 슬쩍 비켜서 주셨다. 자신에게 너무 맞추지 말고 먼저 가도 좋다는 의미다. 나 역시 가벼운 묵례와 함께 지나치는 순간 귓가를 스치는 목소리가 들렸다. "역시 젊으니까 쌩쌩 날아다니는구먼." 괜히 으쓱해져서 종아리에 힘을 빡 주고 속도를 올렸다.

조금 올라가니 또 나보다 앞서가시던 분이 슬쩍 뒤를 돌아보고는 비켜서 주셨다. 감사히 묵례하고 앞서갔다. 또, 또, 또… 그렇게 다섯 명의 양보를 받고 나니 서서히 종아리가 아파오기 시작했다. 이제는 나도 좀 쉬었다 가고 싶은데 내가 어떠한 제스처를 취하기도 전에 먼저 비켜서주시니 멈출 수가 없다. 저 분들은 쌩쌩 날아다니는 나를 기대하고(?) 계실텐데 이대로 멈출 수는 없잖아! 혼자 영화 한 편 찍고 앉았다.

그렇게 한 번도 쉬지 못하고 속도를 내어 걸어가는 도중 아홉 번째 아저씨가 내게 길을 비켜주시려고 슬쩍 뒤를 돌아봤다. 순간 나도 모르게 그 시선을 못 본 척하고 뒤를 돌아 여태까지 올라온 길을 구경하는 척하며 양보를 거절했다. 그 순간 내 종아리가 떨리고 있었다는 것을 눈치챈 사람이 아무도 없었길 바란다.

잠시 숨을 고른 다음부터는 앞사람과의 간격을 적당히 유지하면서 천천히 걸었다. 역시 항상 마음이 급하더라도 오버하지 말고 자신만의 페이스를 유지하는 것이 중요하다. 혹시라도 내 조급한 발소리를 듣고 앞사람이 또 양보할까 봐 걱정돼서 그런 건 절대 아니다.

그렇게 또 하나의 깨달음을 얻고는 드디어 울산바위에 도착했다. 직접 울산바위를 보는 것은 처음이다. 어쩜 풀 한 포기 없는 돌산이 이렇게 예쁠 수가 있을까? 분명히 커다

설악산 울산바위

란 바위들인데 꼭 누가 찰흙을 빚다가 툭툭 던져놓은 것처럼 각각의 덩어리들이 한데 뭉쳐져 존재감을 내뿜고 있었다. 왜 여기만 바위산이 되었을까? 이유를 설명하기 힘들기에 자연은 늘 경이롭다.

울산바위 정상에는 사람이 너무 많아 오랫동안 머물기 힘들었다. 하산길이 더 힘들다는 것을 지난번의 경험을 통해 알았으니 내려가면서 마실 물도 조금 남겨놓고 적당하게 힘을 배분해가며 하산까지 무사히 완료했다. 역시 경험은 사람을 성장시킨다. 여유롭게 하산길을 마친 나는 속초 시내로 가서 미리 알아봐 놓았던 게스트하우스로 향했다.

버스 정류장에서 걸어서 1분 거리에 있는 아주 가까운 숙소에 짐을 풀었다. 교통이 편리한 곳에 숙소가 있으면 정말 좋다. 도착하고 나서도, 나중에 다시 떠날 때도 너무 편하다. 따뜻한 물에 샤워까지 마치고 나니 잠이 쏟아졌지만 조금만 높이 올라가면 바다가 보이는 이 동네를 천천히 걸어보고 싶어 가벼운 차림으로 숙소를 나섰다. 골목골목 갈라져 있는 길을 걷다 보니 조용하고 곳곳에 푸른색이 가득해서 눈이 맑아지는 느낌이었다.

길을 걷다가 만난 고양이는 내가 빤히 쳐다보자 풀숲에 앉아서 나와 계속 눈을 맞춰주었다. 녀석... 내가 여행 중이라 너에게 간택 당하지 못하는 것이 아쉽구나. 고양이는 늘 옳다.

그렇게 마을 한 바퀴를 돌았을까, 골목 어귀에 작은 공간 하나가 눈에 들어왔다. 아무래도 동네 책방인 것 같다. 이리 봐도 저리 봐도 책방 같은 공간의 이름은 〈완벽한날들〉. 과연 지금 내 기분보다 더 완벽해질 수 있을까 하는 마음으로 책방에 들어섰다.

창문으로 햇빛이 수줍게 들어서 있는 공간에는 장르별로 조신하게 나뉘어 있는 책들과 커피 머신이 칙칙 소리를 내며 자신의 존재를 알리고 있었다. 먼저 앉아있는 사람들은 책과 함께 커피를 마시며 미소 짓고 있고 사장님은 자리에서 나에게 가벼운 눈인사만 주실 뿐 나에게 그 어떤 것도 묻지 않는다. 젠장, 너무 내 취향 저격이잖아.

자리를 하나 차지하고 앉아 청귤차를 주문하고는 책을 한 권 골라 읽으려다 다시 덮었다. 가끔 너무 마음에 드는 공간을 만나면 책을 읽기보다 그냥 공간을 느끼고 싶을 때가 있다. 그럴 때는 가만히 책을 덮는다. 그리고 이미 몇 번이나 본 주위의 모습을 다시 한번 찬찬히 훑어본다. 내가 이 공간을 떠나게 되더라도 원할 때마다 기억할 수 있도록. 그리고 언젠가 다시 이 공간으로 돌아오는 내 모습을 상상해 보는 것이다. 여태껏 다양한 공간에서 상상력을 발휘했었지만 완벽한날들처럼 생생하게 그려진 기억은 없다. 그 기억 속에서 나는 잠시 20년 후의 내 모습을 만나고 왔다. 잠시 꿈을 꾼 것처럼 내 머릿속을 관통한 장면을 잊고 싶지 않아 빠르게 노트에 옮겨 적은 후,

SNS에 업로드 했다. 그리하여 여전히 생생한 기억으로 남아있는 그 장면은 내 인생에 몇 안 되는 '완벽한 날들' 중 한 조각이다.

나도 이런 공간을 만들고 싶다.

위치는 도심이 아닌 지인들이 가끔 여행으로 오기 좋은 조용한 곳이면 좋겠다. 앉아서 할 수 있는 최고의 여행인 책과 직접 겪고 온 다양한 이야기들을 간직한 여행자들이 모일 수 있는 장소. 그 장소에는 정성 들여 로스팅 한 향 좋은 커피가 있고 창으로 떨어지는 햇빛을 맞으며 졸고 있는 나비(고양이)가 있고, 책상 중간중간에 전시된 피규어는 아직 내가 어른이 되지 못하였음을 증명해 준다.

여유롭게 커피를 한잔 내려서 옆에 두고 읽고 싶었던 책을 읽고 있는데 딸랑 소리에 고개를 들어보니 근처에 사는 안 지 20년이 넘어가는 후배가 뛰어 들어오며 나비가 어디 있는지 물어본다. 이제 익숙한 그 질문에 창문 밑을 가리키고는 다시 책에 집중한다. 잠시 뒤 다시 들리는 딸랑 소리에 고개를 드니 대학교 은사님이 가족분들과 여행 오셨다가 잠시 들리셨단다. 보던 책을 덮고 은사님과 대화를 나눈다. 30여 분 뒤 다음 일정을 향해 떠나시는 은사님을 배웅하고 덮어둔 책을 다시 편다. 한창 집중하고 있는데 탁탁 소리가 들리며 계단에서 와이프가 내려온다. 나에게 다가오더니 종이 한 장을 내민다. 얼마 전에 의뢰받은 와이

프 친구의 단독주택 설계가 잘 안되나 보다. 둘이서 머리를 맞대고 한참 의견을 나누다가 갑자기 떠오른 생각이 있는지 후다닥 작업실로 올라가 버린다. 어깨를 으쓱하고는 책으로 시선을 돌리는데 이런, 벌써 창밖이 깜깜하다. [OPEN]이라고 쓰여 있던 팻말을 [CLOSE]가 나오게 돌리려는데 약간 지쳐 보이지만 눈빛은 반짝거리는 대학생쯤 되어 보이는 학생이 내 앞에 서서 혹시 숙소에 남은 방이 있냐고 물어본다. 왠지 20여 년 전의 내 모습과 겹쳐 보여 싱긋 웃고는 그를 2층 방으로 안내한다.

2018.10.13 기록

TIP
기억하고 싶은 공간에 방문하게 되면 그 순간을 꼭 기록해두자.
분명히 언젠가 다시 그 기억을 들여다보며 미소 지을 날이 올 것이다.

18
해내고자 하면 안 될 일은 없다

D+19 강원 춘천

끙… 나는 지금 아주 심각하게 고민을 하고 있다. 빠르게 본론만 얘기하자면 꼭 가보고 싶은 공간이 있는데 외진 곳에 위치하고 있어 대중교통을 이용해 가려고 하니 굉장히 일이 복잡해지기 때문이다. 그럼에도 불구하고 꼭 가보고 싶은 공간이라 인터넷 검색을 통해 어제부터 모은 자료들을 정리해 노트에 옮겨 적었다. 꼼꼼히 살펴보니 춘천 시내에서 목적지까지 한 번에 가는 버스가 있었다. 버스가 도착하는 시간과 장소를 몇 번이나 확인했으면서도 불안해서 머릿속으로 시뮬레이션까지 그려본다.

아침 일찍 일어나 준비를 하고 시내로 나와 아침 8시 버스에 오른다. 한 번에 가는 버스를 타면 목적지까지 2시간 이내에 도착하게 된다. 그러면 목적지에서 2시간가량 여유시간을 즐길 수 있다. 그리고 시간에 맞춰 다시 시내로 돌아오는 버스를 타면 완벽하다. 목적지까지 도달하기 위해 열심히 정보를 모으고 일정을 계획한 내 모습이 자랑스러웠다.

계획했던 대로 아침 일찍 기상하여 씻고 짐을 챙겨 숙소에서 나와 넉넉하게 30분 일찍 정류장에 도착하여 대기했다. 그러나 8시가 지나도 버스는 오지 않았고 이놈의 버스는 시간 맞춰서 오는 꼴을 못 보겠다며 투덜대면서 인터넷에 춘천 버스라고 검색을 해보았다. 가장 먼저 뜨는 뉴스의 제목은 '춘천 시내버스 파업'…? 뉴스의 날짜가 오늘이라는 사실까지 확인하고는 얼어붙어버렸다. 사람이 너무 당황하면 아무 감정이 들지 않는다. 사고가 정지되고 행동에 판단이 서지 않는다. 웃지도, 울지도 못할 상황에서 나는 그냥 웃어버리기로 했다. 하하하하하…

정신없이 웃고 있을 동안 잠시 내가 가고자 했던 목적지를 소개하겠다. 내가 그토록 가고 싶었던 목적지의 이름은 〈제따와나선원〉이다. 이름부터 독특한 이곳은 이름만 들어서는 도무지 무엇을 하는 공간인지 짐작하기가 힘들 것이다. 제따와나선원의 용도는 절이다. 그래, 여러분이 생각하는 그 절이 맞다.

현재의 불교가 많은 문제를 가지고 있음을 고민하시던 일묵 스님이 춘천에 자리 잡고 21세기에 맞는 형태의 건물을 지은 뒤 석가모니가 불교를 정립했던 장소의 이름을 붙인 곳이 바로 제따와나선원이다. 여기서 우리는 21세기에 맞는 형태라는 점에 주목할 필요가 있다. 겉으로 보기에는 우리가 일반적으로 생각하는 절의 형태가 아닌, 벽돌로 지은 아주 완벽히 절제되고 담백해 보이는 건물이다. 젊은 부부 건축가로 유명한 '가온 건축'에서 설계를 담당하여 꼭 가보고 싶은 공간이었다.

다시 현실로 돌아오자. 허탈하게 한참을 웃고 나니 억울해졌다. 내가 어제부터 얼마나 기대하고 열심히 정보를 찾아다녔는데 이렇게 첫 단추부터 잘못 끼워지다니… 억울함을 참지 못해 춘천 시청에 전화를 걸었다. 이른 시간이지만 수화기 너머로 밝은 목소리가 들렸다. 억울했던 마음이 밝은 목소리에 조금 진정되었고 덕분에 마음을 가다듬을 수 있게 된 나는 외곽에 떨어져 있는 제따와나선원에 가고 싶은데 혹시 버스 외의 방법이 있는지 물어봤다. 잠시 키보드 두드리는 소리가 들리더니 현재 시내버스가 파업 중이라 버스를 이용하기가 어려워 택시를 타야 할 것 같다는 답변이 돌아왔다. 그 목소리에 자신의 고장을 방문한 여행자에 대한 미안함이 담겨 있었기에 웃으면서 알았다고 말하고 전화를 끊을 수 있었다. 첫 단추를 잘못 끼우긴 했지만 잘못 끼웠으면 다시 빼면 된다. 우선 최대한 목적지에 가까이 가기 위해 강촌역으로 가는 버스에 올랐다.

강촌역에 도착하니 곳곳에 '자전거, 바이크 대여'라는 현수막이 여기저기 걸려있었다. 잘 모르고 도착했는데 여기는 강촌천을 따라 달리는 바이크 체험이 유명한 것 같았다. 여기까지가 내가 버스로 갈 수 있는 한계였다. 이제부터 여기서 20km 떨어져 있는 제따와나선원을 어떻게 갈 수 있을지를 고민해야 했다. 잠시 동네를 걸으면서 곳곳에 놓여있는 자전거들을 보며 어쩌면 자전거를 타고 갈 수 있지 않을까를 생각했다. 지도에 검색해 보니 왕복 3시간… 음, 왠지 자전거를 타고 다녀오면 멋진 경험이 될 것 같다는 자신감이 샘솟을 찰나 떠오른 기억. 처음 여행을 출발했을 때 자전거로 30분 걸린다는 지도를 믿었다가 한 시간을 고생했던 경험이 떠올랐다. 순간 오싹해진 뒷덜미를 손으로 문지르며 근처에 차를 주차하고 쉬고 계시는 택시 기사님께 다가갔다.

네? 5만원이요? 기사님께 위치를 말씀드리고 가격을 물어보니 왕복 5만원을 제안하셨다. 목적지가 너무 외곽이라 가는 사람이 없어서 한번 들어갔다 나오려면 나를 다시 태우고 나오는 게 낫다는 단호한 말씀에 잠시만 시간을 달라고 말한 뒤 고민에 빠졌다. 아무리 생각해도 자전거는 힘들 것 같고 여기까지 왔는데 그냥 포기하기에는 너무 아쉬웠다. 사실 답은 정해져 있었다. 에이, 며칠간은 한 끼만 먹지 뭐. 속 편하게 결정해버린 나는 택시에 올라탔다.

택시를 타고 한참을 외진 곳으로 들어가는 길은 매우 좁았고 비포장도로라 모래가 엄청나게 날렸다. 그 와중에 터널을 몇 개나 지나쳤는지 모르겠다. 자전거를 탈 생각을 멈추길 정말 잘했다. 자전거를 타고 덤볐다면 아마 내 여행은 거기서 끝났을 거다. 아마 중간에 포기하고 자전거를 실어 날라야 했을지도 모르겠다. 등줄기가 오싹해지는 걸 막고자 등에 닿아있는 푹신한 시트에 좀 더 기댔다.

30분을 달려 도착한 제따와나선원은 정말 자가용이 아니고서야 아무도 오지 못할 법한 시골 한가운데에 있었다. 차에서 내리자마자 보이는 벽돌로 만든 거대한 벽과 그곳에 쓰여 있는 제따와나선원이라는 글자만이 내가 목적지에 맞게 도착했다는 것을 알게 해주었다.

생전 처음 보는 형태의 생소한 건물을 보며 여기가 진짜 절이 맞나 의심하는 사이에 승복을 입으신 스님들이 내 앞을 지나갔다. 그 이질적이지만 자연스러운 모습에 이곳은 절이 맞구나 하고 인정했다.

……그것은 무척 오래된 것이면서 무척 혁신적인 접근이었다. 그런 점에서 기원정사의 유적을 상징하는 벽돌은 아주 적합한 재료였다. 기존의 대부분의 사찰처럼 한옥으로 짓지 않고 콘크리트 구조로 뼈대를 만들고 벽돌로 옷을 입혔다. 대신 기존 가람 배치의 방식을 고려해 일주문을 지나 안으로 향하는 길은 직선으로 곧장 가지 않고 가면서 세 번 꺾어 들어가게 했고, 대지의 원래의 높낮이를 이용해 세 개의 단을 조성하여 순서대로 종무소와 꾸띠, 요사채, 법당 등 위계에 맞게 건물을 올려놓았다.

1년 동안의 설계 기간을 거쳐 공사를 시작했고, 뼈대를 올리고 벽돌을 외부에 쌓고 바닥에 벽돌을 깔아서 무려 40만 장의 벽돌로 공간을 완성했다. 공사 역시 1년이 걸렸다. 내내 즐거운 마음으로 몇 가지 어려운 문제를 넘어가며 땅을 다듬고 집을 올리고 나무를 심었다. 그리하여 처음도, 과정도, 결과도 즐거운 중도의 정신이 집의 안과 밖에 스며든 공간이 완성되었다.

<출처> 노은주·임형남, 세계일보 2018.07.03

한쪽 공간에 적혀있던 건축가의 인터뷰를 읽어보고 공간을 천천히 걸어보기 시작했다. 스님들이 거주하시는 곳에 웬 사복을 입은 청년이 가방을 메고 두리번거리며 걷고 있자 몇몇 스님이 걸음을 멈추고 빤히 쳐다보셨다. 뭔가 설명을 하는 것도 이상해 가볍게 손을 모으고 합장을 드리니 슬며시 미소 지으시고는 함께 합장을 하고 다시 걸어가셨다.

어느 고대 유적 같아 보이는 법당에 올라 아래를 내려다보니 왔던 길이 그대로 보였다. 정갈하면서도 소박해 보이는 건물들이 배치된 모습이 눈에 띄었다. 이렇게 튀지 않으면서 용도에 맞는 크기로, 비례를 해치지 않으며 배치하기 위해 건축가는 얼마나 많은 고민을 하고 얼마나 많은 선을 그었을까? 전공과목의 결과물을 보면 남들이 보지 못하는 것을 보고 울컥할 때가 있다.

법당에 도착해서 문을 열고 안을 들여다보니 집중해서 불공을 드리고 있는 스님의 모습이 보였다. 그 엄숙함에 나도 모르게 조용히 문을 닫고 나와버렸다. 더 이상 이곳에서 할 수 있는 것은 없지만 여기까지 어떻게 왔는지를 돌이켜보니 돌아가기가 아쉬워 절의 배경이 되어주는 산을 바라보고 있었는데 법당 문이 열리고 스님이 나오셨다. 입구에 서있는 나를 보시더니 아무것도 묻지 않고 "식사하러 가시죠"하고는 앞서 걸어가셨다. 어정쩡하게 서 있다가 거절하지 못한 나는 스님 뒤를 쫄래쫄래 따라갔다.

어느새 식당에 도착해 식판까지 들었지만 지금 내가 여기서 밥을 먹어도 되는가 하는 생각이 들었다. 모두가 승복을 입고 계시는데 나만 유색의 옷을 입고 있었다. 그 사실보다도 중요한 것은 아무도 나에게 질문을 하지 않는다는 것이다. 차라리 말이라도 걸어주셨으면 여기까지 오게 된 경위라도 설명해 드리며, 어색함을 이겨내보겠지만 조용히 식사하시는 스님들 옆에서 꾸역꾸역 밥을 삼킬 수밖에 없었다. 장담하는데 내 인생에서 가장 조용하고 엄숙한 식사 시간이었다.

춘천 제따와나선원

음식을 남기면 안 될 것 같아서 밥알 하나 남기지 않고 싹 비운 나는 설거지까지 마치고 그릇을 돌려드린 뒤 식당으로 안내해 주신 스님께 잘 먹었다고 인사드렸다. 조용히 미소 지으시며 합장하고는 다시 걸어가시는 스님의 뒷모습을 바라보며 어쩌면 이것저것 물어보면 불편해할 나를 배려해 주신 건 아닐까 생각해 보았다.

험난했던 여정이 끝나고 다시 택시를 타고 춘천 시내로 돌아왔다. 지갑에서 황금빛 오만 원을 꺼내며 내 지갑에 아무것도 들어있지 않다는 사실에 슬펐지만 내가 느낀 감정과 공간에 대한 경험값을 지불하는 것이라고 생각하기로 했다.

아직 해가 중천에 떠있었기에 근처에 있는 〈김유정역〉을 방문하기로 했다. 김유정역은 지금도 사용되고 있는 신설 역사가 있고, 옆에 있는 사용하지 않는 폐역을 그대로 보존하여 포토존을 곳곳에 만들어 놓아 일명 커플들의 성지라고 불리는 곳이다. 커플들이 많은 곳을 가면 외로워질게 뻔하지만, 사용하지 않는 열차 안을 북카페로 만들어놨다는 소식에 평화롭게 앉아 책을 읽는 상상을 하며 발걸음을 옮겼다.

잊을 만하면 내 앞에 나타나는 하나의 문장. 매주 월요일은 정기휴무일입니다. 아악! 사용도 하지 않는 역을 왜 잠가놓는 거야! 소리쳤지만, 자물쇠가 걸린 문은 아무런 반응이 없다. 급격하게 피곤해져서 근처에 놓인 벤치에 앉아 숨을 돌렸다. 무겁게 어깨를 누르던 가방을 벗어놓고 잠시 일어나서 몸을 푸는데 그제야 여행의 처음부터 지금까지 함께한 가방의 모습이 눈에 들어왔다. 처음에는 힙색도 없었는데 어느새 새로 구입한 힙색까지 빵빵하게 배가 찼다. 특별히 구입한 건 없는 것 같은데 왜 가방은 점점 무거워지는지 모르겠다.

점점 가벼워져야 하는 가방이 계속 무거워지는 것은 내가 가진 욕심 때문이다. 여행의 시작부터 기록을 남길 거라고 챙겨서 출발한 노트북은 가방에서 꺼내지 않은지 10일은 지난 것 같고, 제대로 읽지도 않으면서 가는 곳마다 챙긴 책자와 팸플릿은 이미 가방 한쪽에 가득 쌓여서 무게가 꽤 나간다. 거기에 종종 발견하는 책방을 그냥 지나치지 못하고 산 책들까지 들고 다니고 있으니 가방이 계속 무거워질 수밖에 없다.

나는 참 계획 세우는 것을 좋아한다. 겁이 많지만, 그와

비례하여 욕심도 많아서 매번 시작하기도 전에 준비물을 가득 챙겨 놓는 편이다. 이번 여행에도 굳이 사용하지 않는 노트북과 읽지도 않는 책을 계속 들고 다녀야만 했을까? 언젠가 쓸 일이 있을 거야 하고 합리화하며 끝까지 들고 다니는 고집이 있지만, 쓸 일이 생기는 경우는 거의 없다. 이제는 조금 버려야 한다는 것을 잘 알지만, 여전히 두 손 가득 무언가를 움켜쥐고 있다. 언젠가 스스로 두 손 중 한 손은 비워 놓아야 기회가 왔을 때 바로 잡을 수 있다는 것을 깨닫게 되는 날이 오겠지. 그전까지는 여전히 가방에 힙색까지 꽉꽉 채워 들고 다닐 예정이다. 욱신거리는 어깨에 조금 슬프긴 했지만 말이다.

욱신거리는 어깨로
온갖 욕심을 메고 다니면서도
포기하지 않았던 것은
나의 젊음 덕분이었다

그래서 요령이 없었던 젊음을
미련하지만 찬란하다고 하나 보다.

19
조건 없는 호의는 있다

D+20 경기 파주

나는 어렸을 때부터 책을 정말 좋아했다. 엄마는 나와 마트에 갈 때마다 나를 도서 코너에 놔두면 한 시간이고 두 시간이고 가만히 책을 읽고 있어서 장을 보기에 정말 편했다고 하셨다. 물론 집에 갈 때 읽던 책을 계속 가지고 가려 해서 문제였지만. 보통 책과 함께 두면 몇 시간이고 그 자리에 앉아 있는 편이다. 지금도 그렇다.

〈파주 출판단지〉는 애초에 건물을 지을 수 없는 땅을 국가의 지원을 받아 단단하게 다지고 책의 기획부터 편집, 디자인, 인쇄, 제본, 유통까지 한곳에서 이루어질 수 있도록 한국출판산업의 첨단 단지로 조성된 곳이다. 1997년부터 시작된 이 대규모 사업은 2018년이 되어서야 비로소 완료되었다. 건물의 외형이 모두 달라 건물을 보는 재미도 있지만, 〈지혜의 숲〉, 〈미메시스 아트 뮤지엄〉, 〈피노키오 뮤지엄〉 등 훌륭한 프로그램을 보유하고 있는 곳들도 많아서 가족들과 나들이를 가기에도 좋다.

책을 보면서 종일 뒹굴거리는게 꿈인 내가 파주 출판단지를 그냥 지나칠리 없었다. 당초 계획은 이곳에서 1박 2일을 보내는 것이었는데 알아보니 저렴한 가격에 숙소 잡기가 힘들어서 하루를 오롯이 파주 출판단지에서 보내고 저녁에 미련 없이 떠나기로 했다. 해가 지면 떠나야 한다고 생각하니 괜히 마음이 급해져 부지런히 돌아다니려 했지만 걸음이 점차 느려졌다. 눈에 닿는 건물 하나하나가 매력적이기 때문이었다. 같은 단지에 놓여있는 건물들이 전부 다른 재료들로, 다른 방식으로 지어져 있었다. 그냥 지나가려다 멈칫하고 자세히 들여다보다가 건물 주위를 빙 돌아본다. 계속 그런 식으로 모든 건물을 보려니 시간이 너무 부족했다. 시선을 뺏겼던 건물들에게 아쉬운 눈인사를 건네고는 목적지를 향해 움직였다.

가장 먼저 가보고 싶었던 〈문발리헌책방골목 블루박스〉를 찾아서 들어갔다. 이름 그대로 헌책들을 모아서 다시 읽을 수 있게 해놓았고 원한다면 구입까지 할 수 있는 곳이다. 오래된 책들에게는 그 책이 가지고 있는 기억이 있다. 색이 바래고 누군가가 책을 넘긴 흔적이 남아있지만, 그마저도 마음에 든다. 누군가가 이 책을 처음 읽었을 때의 마음을 상상하며 책을 넘겼다.

유난히 사람 손을 많이 탄 것 같은 낡은 책이 있었다. 그만큼 많은 사랑을 받은 책이었을 것이다. 그 자리에 서서 책을 훑어보다가 아예 비어있는 소파에 자리를 잡고 앉았다. 소파에 앉으니 바로 앞에 큰 창이 보여 좋았다. 책을 보다가 눈이 피곤해지면 창밖을 바라보며 눈의 피로를 덜어내었다. 소파는 책장 깊은 곳에 자리를 잡고 있었고 오가는 사람들도 많지 않아 눈치가 보이지도 않았다. 그렇게 앉아서 책을 보다가 서서히 자세가 무너졌고, 뻑뻑한 눈을 비비다가 나도 모르게 달콤한 낮잠에 빠졌다.

파주 문발리헌책방골목 블루박스

어우, 꿈도 꾸지 않고 짧은 시간 푹 잠들었다. 시계를 보니 20분가량 지나있었지만, 생각보다 더 개운했다. 입이 텁텁해 쩝쩝대며 얼음이 다 녹지 않은 상태로 컵 표면에 물방울이 송골송골 맺혀있는 아이스 아메리카노를 들어 깔끔하게 입가심하고 나니 정신이 돌아왔다. 잠시 창밖을 보면서 남은 커피를 다 마시고는 소파에 붙어있었던 몸을 일으켰다.

파주 출판단지에서 가장 유명한 곳 중 하나인 〈지혜의 숲〉은 정말 책들을 위한 공간이었다. 사람 키보다 2~3배는 높은 책장에 책이 분야별로 가지런히 정돈되어 있는 모습은 그 자체로 장관이었다. 책들이 많은 곳에 들어서면 이상하게 긴장이 되었다가 천천히 마음이 안정되곤 한다. 이런 감정을 설렘이라고 부르는 게 아닐까. 세상에 이렇게나 책이 많다는 사실에 긴장했다가 어차피 내가 다 못 읽을 것임을 깨닫고 포기하면서 마음이 편해지는 그런 미묘한 감정을 20년째 이어가고 있는 중이다. 내가 감당할 수 없는 목표에 긴장했다가, 내 범위를 인정하고 목표를 좁혀가며 현실성 있게 조절하는 과정이 설렘이기에 그것을 느낄 때 살짝 아랫배가 아픈

공간이 그득그득한 도시에
내 한 몸 잠시 쉬어갈 곳이 없다는 것은
참 안타까운 일이다.

책장 뒤에 숨어 아무도 모르게 즐긴
짧은 순간의 낮잠은
그 무엇보다도 달콤했다.

게 아닐까? 지혜의 숲에 들어가면서 배를 살살 만지다가 오늘 목표를 '책 한 권 선택하여 구입하기'로 결정하고 난 후부터 괜찮아졌으니 아무래도 확실한 것 같다.

수많은 책들 중에서 내가 원하는 책을 한 권만 고르기란 정말 힘든 일이다. 소리 없이 표지로만 나를 유혹하는 수백 권의 책들 사이에서 하나를 고르는 일은 거의 노동에 가깝다. 특히 못 이기는 척 여러 권을 살 수 없는 지금과 같은 상황에서는 더더욱 힘들다. 혹여 마음에 드는 책을 만나더라도 쉽게 결정하지 못하는 이유는 혹시나 더 마음에 드는 책을 만나지 않을까 하는 미련 때문이다. 그렇게 한참을 책을 집었다 놓기를 반복하다 보면 다리가 아프고 눈이 피곤해지기 시작한다. 그런 고민이 반복되다 보면 어느 순간 내 마음에 결정의 폭이 좁아진다. 처음에 내 마음을 빼앗았던 많은 책들을 반복해서 보며 범위가 좁아지기 시작하는 것이다. 그래서 나는 서점에 방문하면 적어도 1~2시간씩 시간을 보내곤 한다. 그 과정이야말로 내가 좋아하는 취향과 목적을 정확하게 정의하는 일이기 때문이다.

2시간가량의 힘들었던 선택의 시간이 끝나고 책을 한

권 가지고 밖으로 나오니 어느덧 하늘에는 노을이 지고 있었다. 더 늦기 전에 오늘의 숙소로 향해야 하기에 바쁘게 발걸음을 옮겼다. 버스를 기다리기 위해 정류장에 앉아 오늘 내가 선택한 책을 살며시 펼쳤다. 오랫동안 고민하고 선택한 책이기에 더욱 애정이 간다. 여기서 첫 장을 넘겼다가는 버스를 놓칠 것 같아 조심스럽게 가슴팍에 달린 힙색에 책을 넣었다.

버스를 타고 지하철로 환승해서 오늘의 숙소까지 가는 길이 험난하다. 다음날 북한 땅이 보이는 임진각을 가기 위해 최대한 북쪽에 있는 숙소를 선택한 탓이다. 내가 여행을 하며 숙소를 선택한 가장 큰 기준은 역시 가격이었다. 항상 숙소 가격이 3만원을 넘지 않는 선에서 숙박을 예약했고 다행히 비수기인 탓에 숙소 가격이 전체적으로 저렴했다. 임진각 근처에 일박에 3만원 하는 숙소는 내가 선택한 〈DMZ STAY〉밖에 없었고, 나는 별 고민 없이 예약하고 그곳으로 향했다.

지하철로 갈 수 있는 최선인 문산역에 떨어지자 조금 막막해졌다. 숙소를 검색해 보니 여기서 약 6km 정도 떨어져 있는, 걸어서 1시간 30분이 걸리는 거리였다.

평소라면 조금 힘들더라도 걸어서 갈 법한 거리인데 해도 많이 기울었고 아까 책을 선택하는 과정에서 너무 에너지를 쏟았더니 막막했다. 그렇게 한숨을 쉬며 택시를 타야 할지, 천천히 걸어야 할지 고민하던 도중 모르는 번호로 전화가 걸려왔다. 전화를 받자 자신을 DMZ STAY 사장이라고 소개하신 분이 여기까지 오는 길이 힘들다며 픽업 서비스를 제공하겠다고 말씀하셨다. 이제 일이 끝나 조금 늦게 연락했다며 미안하다고 말씀하시는 수화기 너머의 목소리에서 나는 세상에 천사가 있다는 것을 알게 되었다. 약간의 기다림 뒤에 포터를 타고 사장님이 오셨다. 경적을 빵빵 울려 자신의 존재를 알릴 법도 하건만 직접 차에서 내려 먼저 악수를 건네셨다. 그 거친 손을 맞잡으며 온종일 쌓인 피로가 풀리는 느낌을 받았다. 참 따뜻한 손이었다.

포터를 타고 가는 동안 시시콜콜한 이야기를 나눴다. 사실은 거의 나 혼자 떠들었다. 어떻게 전국 여행을 시작하게 되었는지, 오늘 숙소에 오기 전에 무엇을 구경했는지 삼촌에게 이야기하듯 편하게 이야기하다 보니 어느덧 숙소에 도착해있었다. 손님이 나밖에 없어서 혼자 방을 쓰게 된 나는 우선 짐을 풀고 따뜻한 물로 샤워를 마친 뒤 거실로 나갔다. 거실 한 편에서 컴퓨터로 작업을 하고 계시던 사장님이 나를 보더니 "치킨 먹죠?"라고 물어보셨다. 다소 뜬금없는 질문에 "그럼요."라고 대답했지만 어떤 의도로 말씀하신 지를 몰라 눈동자만 굴리고 있던 와중에 잠시 밖으로 나가시더니 치킨을 가져오셨다. 아마도 내가 씻고 있는 사이에 주문하신 것 같았다.

테이블에 치킨을 올리고 냉장고에서 캔맥주까지 가져오셔서 "축구도 좋아하죠?"라고 물으셨다. 그날은 우리나라와 파나마의 축구 친선전이 있는 날이었다. 사실 갑작스러운 상황에 기뻤다기보다 비용이 청구되는 것이 아닐까 하는 걱정이 먼저 들었다. 여행이 길어지며 남은 여행 날짜와 내 통장 잔고를 비교하면서 가장 먼저 줄였던 것은 식비였다. 이날도 사실 이른 점심을 먹은 후에는 아무것도 먹지 않았었다. 치킨은 분명 맛있어 보였지만 계획에 없던 지출을 하게 되면 나중에 곤란해질 것을 알기에 선뜻 손을 뻗을 수가 없었다.

흔들리는 눈동자를 보며 내가 어떤 생각을 하고 있는지

읽으신 걸까? 나에게 먼저 오늘 축구 경기를 보며 치킨과 맥주를 한잔하고 싶었는데 손님이 와서 외롭지 않게 먹을 수 있게 되었다며 씩 웃으시고는 먼저 치킨 한 조각을 집어 가셨다. 그 사람 좋은 웃음에 긴장이 풀린 나는 나도 모르게 함께 씩 웃었다. 치맥을 즐기며 축구 경기를 지켜보는 것보단 사장님과의 대화를 더 많이 한 나는 마지막 치킨까지 다 먹고 나서야 자리에서 일어날 수 있었다. 배를 두드리며 뒷정리를 하면서 그제야 나는 사장님께서 처음 가져간 치킨 한 조각 외에는 손도 대지 않으셨다는 것을 알게 되었다.

사실 그날의 축구 경기의 결과가 기억나지 않아서 글을 쓰며 인터넷에 검색을 해보았다. 2대2의 스코어, 총 4개의 골이 들어간 흥미진진한 경기였다. 하지만 그 경기가 하나도 기억에 남아 있지 않은 이유는 사장님과 함께 먹었던 치킨의 맛, 맥주의 탄산 그리고 내 이야기에 웃는 사장님의 웃음소리가 훨씬 강렬한 기억으로 내게 남아있기 때문이었다.

조건 없는 호의는 있었다

경계를 풀고 마음을 여는 순간
세상은 자주 내 편이 되어 주었다

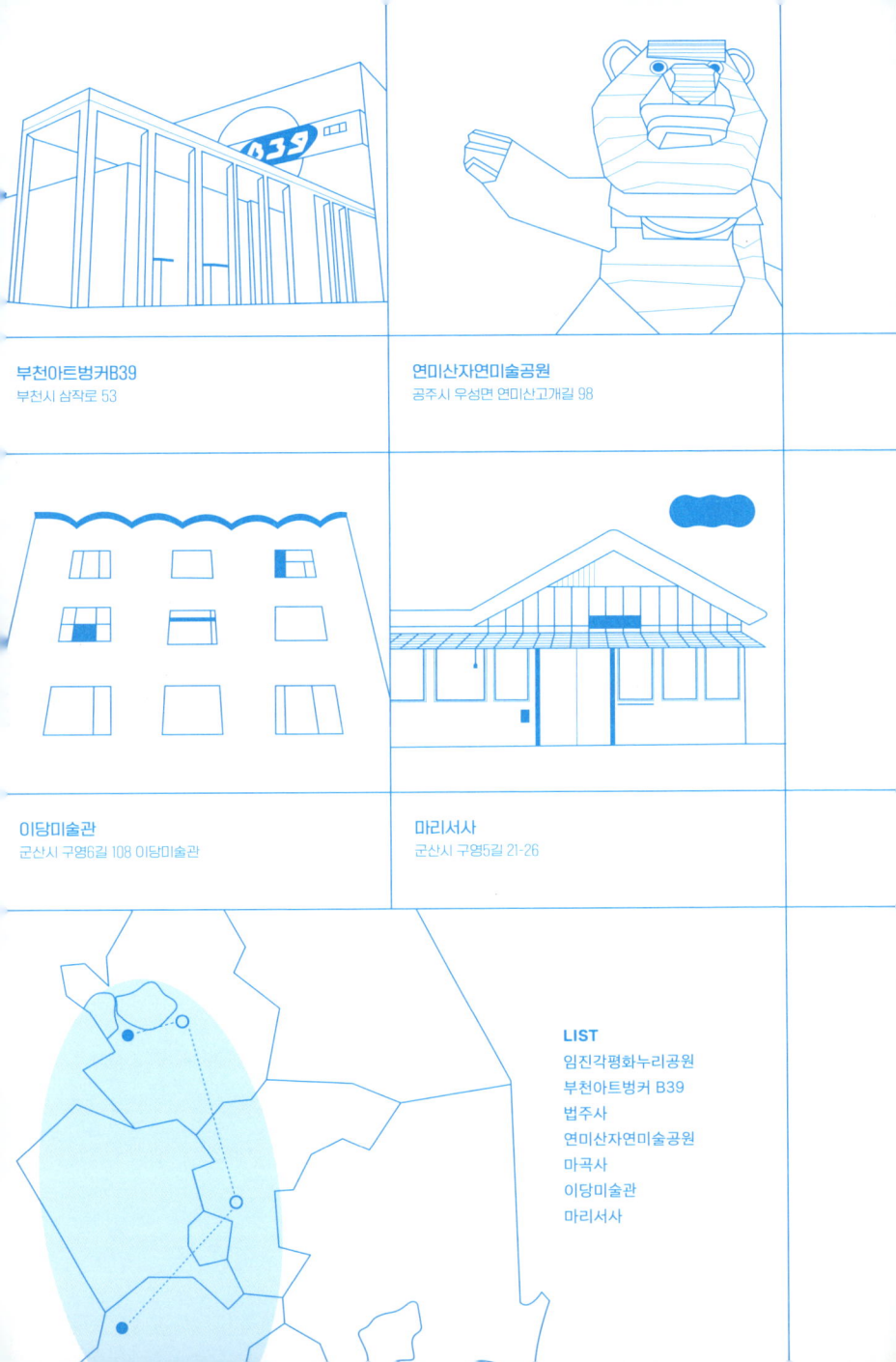

부천아트벙커B39
부천시 삼작로 53

연미산자연미술공원
공주시 우성면 연미산고개길 98

이당미술관
군산시 구영6길 108 이당미술관

마리서사
군산시 구영5길 21-26

LIST
임진각평화누리공원
부천아트벙커 B39
법주사
연미산자연미술공원
마곡사
이당미술관
마리서사

CHAPTER 3

여행에도 슬럼프는 있다

20
내가 잘 살았다는 증거

D+21 경기 파주, 부천

아침에 일어나 빠르게 나갈 채비를 마치고 거실로 나가니 이미 하루를 시작하신 사장님이 컴퓨터로 작업을 하고 계셨다. 내 등에 메고 있는 가방을 보시더니 어차피 〈임진각〉에 갈 거면 가방을 여기 두고 다녀오라고 하셨다. 나 또한 여행객들이 여기서 방문하는 곳은 대부분 임진각일 것이며, 나중에 나갈 때도 이곳을 거쳐 가야 하니 짐을 맡기면 좋겠다고 생각은 했지만 여태까지 받았던 호의가 죄송스러워 말을 꺼내지 못했는데 먼저 말씀해 주시니 감사하기 그지없다.

무거운 가방을 잠시 숙소에 놔두고 떠나려던 찰나, 사장님께서 걸어서 가면 힘들 거라며 근처까지 차로 데려다주신다고 하셨다. 이른 아침, 물기 젖은 아침 냄새를 맡으며 걷는 것을 좋아하지만 그 마음이 감사해서 얌전히 차에 탑승했다. 차를 타고 가는 와중에 사장님은 임진각에서 꼭 봐야 할 곳들을 설명해 주셨다. 특히 꼭 추천하셨던 곳은 〈임진각 평화누리공원〉이다. 그곳에 가서는 잠시라도 누워서 하늘을 보는 것이 좋다고 말씀하셨다. 그렇게 나를 임진강역 근처까지 데려다주신 사장님은 혹시 자신이 숙소에 없더라도 그냥 문을 열고 가방을 가져가라며 걱정해 주셨다. 마지막까지 보여주신 속 깊은 배려의 말씀에 고개 숙여 진심으로 감사의 인사를 드렸다.

임진각에 도착해서 여기저기 구경하다가 관광버스 시간표를 발견했다. 아, 아까 사장님이 설명해 주신 버스가 이걸 말씀하신 거구나. 나는 A코스와 B코스로 나누어진 코스 중에서 제3땅굴 - 도라전망대 - 도라산역 - 통일촌으로 이루어진 A코스를 선택했다. 바로 다음 역이 북한에 존재하는 남한에서의 최북단 역 도라산역에 가보고 싶었기 때문이다.

버스로 이동하며 목적지에만 쏙쏙 내려서 관광하는 여행은 정말 너무 편했다. 여태까지 한 고생이 억울할 정도로 말이다. 정해진 시간만 지키면 원하는 관광지에 내려다 주는 이런 편안함이라니… 덕분에 한껏 아낀 체력으로 관광지에 내려서 더욱 활발하게 돌아다닐 수 있었다.

버스에서 내리는 곳곳마다 우리 역사의 아픈 기억들이 느껴졌다. 한국 전쟁 포로들이 마지막으로 건너왔다는 자유의 다리는 중간에 철조망으로 막혀 있어서 넘어갈 수 없는 다리가 되어 있었다. 철조망이 하나도 보이지 않을 정도로 빽빽하게 묶여 있던 태극기와 통일의 염원을 적어 놓은 천들이 가족과 생이별해야 했던 그들의 마음에 조금이나마 위로가 될 수 있길 진심으로 바랄 뿐이었다.

파주 자유의다리

그 외에도 총탄의 흔적이 가득한 멈추어 있는 철마부터 현재 이곳이 서울보다 개성에 더 가까이 있다는 것을 알려주는 표지판 등이 곳곳에 남아 오랜 역사의 증거가 되어주고 있었다. 지켜볼 수는 있지만, 갈 수 없는 북한 땅을 보며 안타깝다는 생각을 했지만, 같은 버스를 탔던 할머니가 북한 땅을 바라보며 짓는 공허한 표정을 보며 나는 결코 저들의 아픔을 완전히 이해하지는 못하겠구나 생각했다. 동족상잔의 비극을 직접 겪고 가족과 생이별해야 했던 할아버지, 할머니 시대의 역사를 우리 세대가 감히 그들을 이해하고 공감한다고 해서는 안 될 것이다. 너무 오래된 슬픔에 이제는 무덤덤 해 보이기까지 했던 할머니의 눈동자를 나는 여전히 잊지 못하고 있다.

관광을 마치고 다시 임진강역에 돌아와 바로 옆에 위치한 평화누리공원까지 걸어갔다. 아주 넓은 면적에 깔끔하게 정돈된 공원은 푸른빛을 잃은 대신 갈색으로 포근하게 변하고 있었다. 나들이를 나온 가족들은 천천히 산책하고 아이들은 아무것도 걸릴 것 없는 너른 들판을 마음껏 뛰어다녔다. 말 그대로 평화롭기 그지없는 갈색의 잔디밭에 돗자리도 없이 누워서 하늘을 올려다보며 그제야 사장님이 하신 조언의 의미를 알게 되었다. 구름 한 점 없는 하늘이 끝없이 펼쳐져 있는 너무나 평화로운 순간이었다. 가장 평화로운 시간에 가만히 누워 하늘을 바라보며 이 평화가 영원하길 마음속으로 빌었다.

아차, 평화에 젖어들어 현실을 잊어버렸다. 급하게 현실로 돌아온 나는 서울로 가는 버스를 타기 위해 바삐 움직였다. 여기서 서울로 가는 마을버스가 하루에 몇 번 없기 때문에 이번 버스를 놓친다면 그대로 몇 시간을 날릴 수도 있었기 때문이다. 버스 도착 시간이 머지않아 열심히 뛰는 와중에 잠시 평화로운 시간에 빠져있었다는 게 꿈이었던 것처럼 아련해졌다.

임진각 평화누리공원

겨우 버스 정류장에 도착했지만, 이미 버스는 출발 준비를 하고 있었고 나는 아직 숙소에서 가방을 챙겨오기 전이었다. 허겁지겁 버스에 올라타 기사님께 3분만 기다려 주실 수 있냐고 여쭤보았고 허락을 받은 나는 숙소로 뛰어 들어가 가방만 챙겨 부리나케 달려 겨우 버스에 탑승하였다. 사장님이 계시지 않으셨기에 제대로 인사도 못 드리고 떠나는 게 못내 마음에 걸려 시간이 없어서 인사를 못 드리고 떠나게 되어 죄송하다는 문자를 보냈더니 남은 여행도 무사히 마치길 바란다는 따뜻한 답장이 돌아왔다.

여담이지만 그날로부터 꽤나 시간이 지난 지금도 나는 명절이나 사장님의 생신이 되면 문자로 안부 인사를 드린다. 인사를 드릴 때마다 여전히 나를 기억하고 계신다며 고맙다고 인사해 주시는 사장님께 이 책이 세상에 나오게 된다면 책을 들고 꼭 다시 방문하여 그날 아무 조건 없이 행해주신 호의 덕분에 여행을 무사히 끝낼 수 있었다는 감사의 인사를 드릴 예정이다.

우여곡절이 있었지만 무사히 버스를 타고 서울에 도착했다. 아침부터 열심히 돌아다닌 데다가 마지막에 버스를 놓칠까 봐 온 힘을 다해 뛰었더니 기운이 쪽 빠져 아무것도 하기가 싫었다. 그러나 학교 선배이자 친한 대훈이 형의 집에서 오늘 하루 신세를 지기로 한 나는 굉장히 피곤했지만, 주인 없는 집에 먼저 들어가 있겠다는 말을 차마 할 수 없어서 잠시 다녀올 수 있는 곳을 물색하다가 〈부천 아트벙커 B39〉에 잠시 다녀오기로 했다. 그리고 잠깐의 고민으로 결정한 이곳은 내가 여행 중 방문했던 수많은 공간 중 항상 최고로 꼽는 곳이다.

부천 아트벙커 B39는 쓰레기 소각장이었던 도시 혐오 시설을 문화 공간으로 재탄생시킨 공간이다. B39의 이름은 쓰레기가 담기던 39m의 저장소 깊이에서 가져왔다고 한다. 그냥 숫자만 들었을 때는 그 규모가 쉽게 짐작이 가지 않지만 실제로 공간을 마주하게 되면 어마어마한 건축물이 주는 깊이감과 위용에 말을 잃게 된다.

보통 도시재생 프로젝트들은 기대하고 갔다가 실망하는 경우가 많아서 큰 기대를 하지 않았다가 깜짝 놀라고 말았다. 예전에 쓰레기 소각장이었다는 사실이 여기저기서 보이고 느껴지면서도 새로운 용도로 쓰이기위해 카페, 갤러리 등으로 바뀐 공간들의 조화가 인상 깊었다.

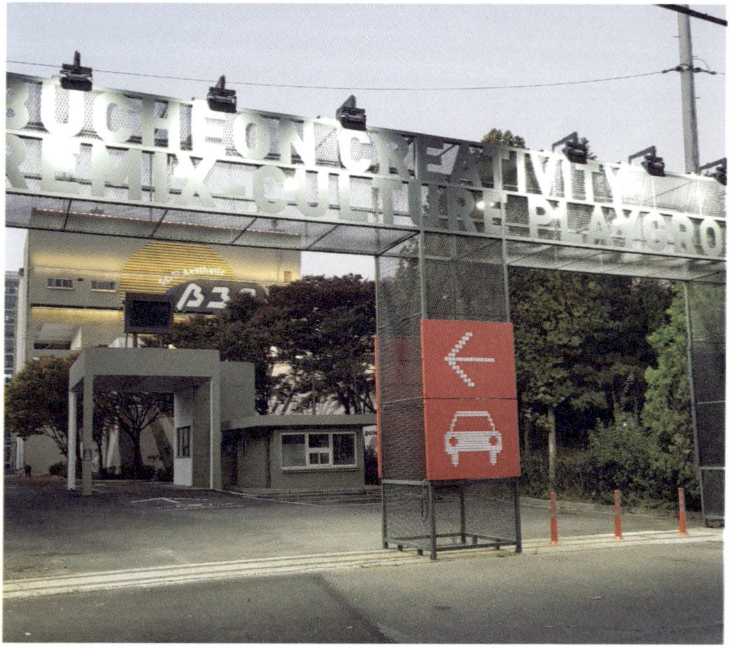
CREATIVITY
MIX-CULTURE

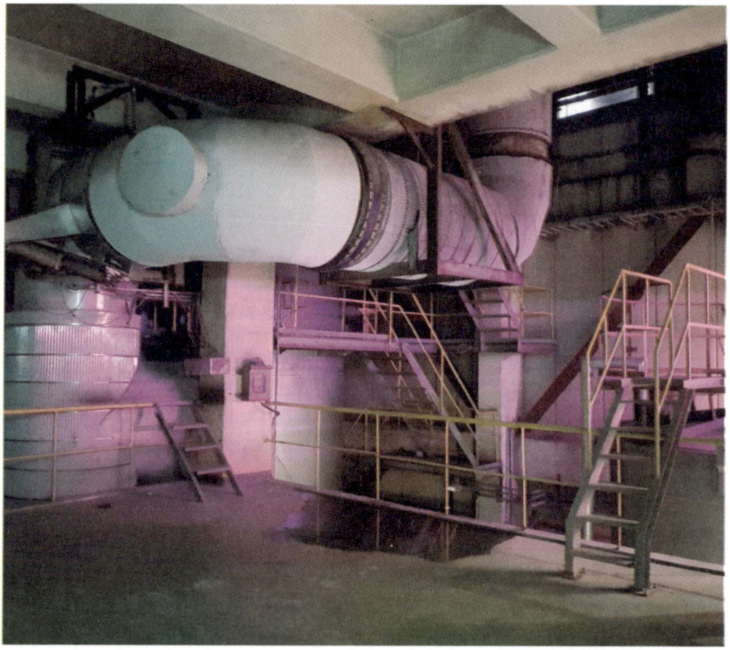

하지만 역시 이 공간의 하이라이트는 총 39m의 높이를 자랑하는 쓰레기 저장고였던 거대하게 비어있는 공간이다. 실제로 보니 공간이 주는 압박감이 확실하게 느껴졌다. 사람의 시선에서 보았을 때 39m라는 높이는 정말 어마어마하다는 것을 알 수 있었다.

거대한 콘크리트가 날 것 그대로 노출된 모습은 굉장히 투박하면서도 멋있었다. 깊은 우물 같은 공간을 올려다보니 벽이 나에게로 다가오는 듯한 압박감이 느껴져 나도 모르게 몇걸음 뒤로 물러섰다. 비어있는 공간이 주는 충만함을 신기하게 느끼며 한참 돌아다니고 있으니 관리인처럼 보이는 분이 다가와 어떻게 오셨냐고 물어보셨다. 늦은 시간이라 마감할 때가 다 되었나 보다. 최대한 공손하게 창원에서 출발하여 전국 일주 중에 잠시 들리게 되었으며 정말 멋진 공간이라고 말씀드리니 너무 먼 곳에서 왔다며 아직 공개하지 않은 전시장을 잠시 열어주시겠다고 하셨다.

뜻밖의 행운에 감사 인사를 드리고 쫄래쫄래 따라가니 39m 깊이의 저장고에 쓰레기를 떨어트리기 위해 트럭들이 대기하던 공간이 모습을 드러냈다. 지금은 깔끔하게 치워져서 갤러리로 사용해도 무방한 모습이었지만 쓰레기를 배출하기 위해 수없이 열리고 닫혔을 문에 새겨진 세월의 흔적은 어떠한 공간에서도 흉내 낼 수 없는 이야기를 담고 있었다. 거대한 철물이 열리면서 트럭에 가득 담긴 쓰레기들이 39m의 아래로 우수수 떨어지는 상상을 해보았다. 사람을 상상하게 만드는 공간은 정말 좋은 공간이다.

멋진 공간을 구경하고 나와서 오늘 하루 신세 질 대훈이 형을 만났다. 퇴근을 하자마자 바로 온 형은 조금 지쳐 보였지만 내가 겪은 그동안의 여행 스토리를 흥미롭게 들어주었다. 창원에서 출발하자마자 고생했던 일부터, 바우지움에서 배를 얻어먹었던 일, 어제 있었던 조건 없는 호의를 받은 일, 그리고 조금 전 아직 공개되지 않은 공간을 구경하고 온 일까지. 여행의 기억을 되돌려보자니 감사한 기억들이 가장 먼저 떠올랐다. 한참을 가만히 내 이야기를 듣고 있던 대훈이 형이 한마디 툭 던졌다.

"다 너가 잘 살아서 그래."

무심하게 던진 그 한마디에 씩 웃고 말았다. 내 주변에 이렇게 좋은 사람들이 가득하다는 것이 눈물 나게 감사한 저녁이었다.

21
여행에도 슬럼프는 있다

D+22-24 서울특별시

대훈이 형 덕분에 편하게 하룻밤 신세를 진 나는 아무도 없는 방에서 일어나 머리를 긁적이면서 하품을 했다. 서울은 워낙 사람도 많고 볼 것도 많아 3일 동안 길게 머물기로 계획되어 있었는데, 한 도시에서 오래 머무는 것은 여행 중 처음 있는 일이어서일까? 조금 루즈해진 나는 에라 모르겠다 하며 다시 침대에 누워버렸다. 서울에서 가고 싶은 곳 리스트를 수십 군데 적어놨지만, 그중에서 골라 움직이기가 귀찮아서 핸드폰을 들여다보며 한참을 뒹굴거렸다.

움직이기 싫어하는 몸과 아무것도 안 하니 불안해하는 머리는 한참을 다투었고 싸움의 중재자로써 나는 초조해하다가 마음을 굳게 먹고 다시 움직이기로 마음먹었다. 가방을 싸고 나갈 채비를 하는 동안 몸이 상당히 무거웠다. 여행을 시작한 이래 이렇게 움직이기 싫었던 적은 처음이었지만 서울에 와서 아무것도 안 할 수는 없다는 압박감이 나를 억지로라도 움직이게 만들었다.

조금 지쳐있는 상태였지만, 서울에서 맞이한 공간들도 다들 좋은 공간들이었다. 다만 내 마음에 여유가 없어서였을까, 늘 보던 파란 하늘과 가볍게 부는 바람은 분명 그대로였지만 전혀 느끼지 못했고, 애써 방문한 공간도 잘 보이지도 않는 단점을 지적할 정도로 비뚤어져 있었다.

그리 행복하지 못한 하루의 투어를 마치고는 숙소에 누워 왜 이렇게 행복하지 않는지에 대해 스스로 물어보다가 결국 나에게 여행 슬럼프가 왔다는 것을 인정하기로 했다.

여행과 슬럼프는 어울리지 않는 단어라고 생각했다. 돈 쓰면서 먹고 마시며 놀고 있는데, 거기서 슬럼프가 왜 오는 건지 이해할 수도 없었고 여행 중에 슬럼프가 왔다는 것은 열심히 자신의 자리에서 하루를 살아가는 사람들에게 미안해서라도 인정하기 싫었다.

그렇지만 낯선 곳을 장기간 돌아다니는 여행자의 삶을 살아보며, 여행은 단순히 먹고 마시고 노는 행위가 아니라는 것을 알게 되었고, 슬럼프 또한 상대방과 나를 비교하며 옳고 그름을 판단하는 것이 아니라는 사실을 깨닫게 되었다. 슬럼프가 찾아온 건 단순히 지금 내가 힘들고 지쳐있었기 때문이었다. 내가 지쳤다는 사실은 지금 상대방보다 편하고 안정된 삶을 살고 있다는 것과 아무 관계가 없는 이야기였다. 내 삶의 주체는 온전히 나이고, 지금 내가 힘들다는 것을 인지하고 슬럼프가 왔다는 것을 인정해야만 했다. 지금 스스로 지쳐있다는 것을 인지하고 인정하는 것. 그것이 슬럼프를 이겨내는 방법이었다.

다음 날은 가려고 했던 곳들을 굳이 모두 방문하려고 애쓰지 않았다. 알람을 맞추지 않고 잠들었고 눈이 떠지면 일어났다. 가고 싶은 곳이 생기면 지도로 거리를 측정해 보고 너무 멀다 싶으면 과감하게 포기했다. 저녁에는 서울에 사는 형들을 만나 다음날 일정을 생각하지 않고 신나게 놀기도 했다.

그렇게 나는 가장 오랫동안 머문 도시에서 가장 적은 거리를 움직였다. 아무것도 안 하고 쉰다는 게 나에게 가장 힘든 일이었지만 역설적으로 나에게는 아무것도 하지 않는 시간이 꼭 필요했다. 서울에 있는 3일 동안 가장 많은 시간을 보낸 일은 가만히 침대에 누워 여행 중에 구입한 책을 읽거나 지나온 여행의 나날들을 글로, 마음으로 정리하는 과정이었다. 앞서 지나온 3주간의 여행을 되돌아보니 힘든 일도 있었지만 감사한 일들이 더 많았다. 슬럼프를 겪는 동안 다른 무엇보다 가장 그리웠던 건 아침에 눈을 떠 하루를 시작하기 전 느껴지는 가벼운 통증. 즉, 설렘이라는 감정이었다.

3일간의 서울에서의 일정을 마치고 다시 새로운 도시로 떠나는 날. 기상하여 이불을 개고 샤워를 하고 가방을 챙기고 있는데 갑자기 사르르 아랫배가 아파져 왔다. 다시 설렐 준비가 되었다는 신호다. 꽉 채워져 있던 마음이 비워졌다는 신호다. 이번에는 모든 것을 꽉 채우지 않고 조금은 비워놔야지, 다짐하며 가벼운 발걸음으로 길을 나섰다.

TIP
길어지는 여행에는 반드시 휴식이 필요하다.
몸과 마음이 보내는 신호를 무시하지 말고 귀담아 들을 수 있길.

22
온 지구가 도왔다고 한다

D+27 충북 보은

한번 아파본 사람은 성장하기 마련이다. 여행 슬럼프를 한 번 겪었던 나는 너무 무리한 일정보다는 내가 행복한 정도로만 움직이기로 다짐했다. 오늘의 목적지는 충북 보은에 있는 〈법주사〉이다. 대개 절들은 산속 깊은 곳에 있어서 대중교통을 이용해서 찾아가기 불편하지만 조용한 마을버스를 타고 마을 전체를 돌면서 절을 찾아가는 과정은 꽤 즐겁다. 매번 자가용을 타고 절에 다니는 사람들은 모를 전혀 다른 매력을 느낄 수 있다. 기회가 된다면 대중교통을 이용해 근처 절을 한번 방문해 보시길. 꽤 즐거운 경험이 될 것이라 자부한다.

법주사에 도착하자 〈속리산〉의 만발한 단풍이 환영해 주었다. 높아진 하늘과 깊어진 단풍을 보며 가을이 완전히 무르익었음을 실감했다. 여행 초반에는 산에 오르면 푸릇푸릇한 기운이 여전히 남아 있었는데 이제는 완연하게 가을이 왔다. 9월 말에 출발한 여행이 어느덧 10월 말을 향해 달려가고 있었으니 말할 것도 없다. 여행자의 삶으로 지내면서 계절이 바뀌는 것을 보다니… 단풍을 보며 혼자 감성에 빠졌다. 나, 가을 타는 건가…?

이제는 푸른빛을 찾기 힘든 속리산을 보면서 천천히 산길을 걸었다. 친구들끼리 여행을 오신 듯한 아주머니들이 떨어지는 낙엽을 보며 소녀같이 웃으셨다. 그 모습을 보며 겹쳐 보이는 얼굴들은 역시 가족이었다. 이 단풍을 함께 봤으면 더 좋았을 텐데… 조금 아쉽긴 했지만 지금, 이 순간에 내가 여기에 있음을 감사히 생각하며 나중에 돌아가서 보여줄 사진을 멋지게 찍어놓자는 생각으로 요리조리 각도를 틀어가며 열심히 속리산의 가을 모습을 카메라에 담았다.

여행의 중반에 다다르니 절에 방문할 때마다 부처님께 말씀드리는 소원이 조금 바뀌었다. 여행 초반에는 무사히 여행을 마치게 해달라는 소원을 빌었었는데, 지금은 아무

보은 법주사

문제 없이 여행하게 해주셔서 감사하다는 절을 먼저 드린다. 크게 다를 게 없다고 생각할 수 있지만, 여행 초반에는 막연하게 다가오는 미래가 두려웠다면 이제는 내가 사는 현재의 감사함을 느끼는 것이 우선이 되었다. 이런 사소하지만 뚜렷한 변화가 여행이 주는 선물이 아닐까 싶다.

절의 초입에 적혀있는 국립공원 안내도를 보며 속리산을 경험할 수 있는 다양한 등산 코스가 있다는 것을 알게 되었다. 가만 보니 다른 사람들은 대부분 법주사를 거쳐서 속리산을 등반하는 계획을 가지고 있는지 등산복 차림이 많았다. 순간 가슴속에서 또다시 욕심이 슬며시 고개를 내밀었다. 내가 이렇게 예쁜 가을날에 속리산을 오를 일이 언제 또 있겠냐며 부추겼지만, 다행히도 이제는 무리한 욕심에 그렇게 쉽게 휘둘리지 않는다. 오늘은 바람도 좋고 단풍도 정말 예쁘지만, 너무 무리하고 싶지는 않으니 산을 오르는 건 포기하기로 했다. 대신 법주사 곳곳을 걸으며 향기로운 가을 냄새를 마음껏 맡기로 스스로 약속했다.

왔던 길을 되돌아 절을 나서는 길, 문득 나 자신이 정말 행운아라는 생각이 들었다. 혼자 여행을 하면서 모든 선택과 결정을 스스로 내리고 책임지며 지금껏 혼자 잘 헤쳐 왔다고 생각했다. 하지만 다시 지난날을 천천히 되짚어보니 하늘이 도와 한 달가량 여행하면서 대부분 날씨가 좋았고, 친절한 사람들에게 조건 없는 호의를 받으며 가슴이 따뜻해졌고, 부모님이 주신 내 몸이 잘 버텨주어 단 한 번도 아프지 않고 지금껏 잘 지낼 수 있었다. 또한 내 주변의 모든 사람들이 자신의 자리를 든든히 지켜주었기 때문에 지금껏 내가 아무 걱정 없이 여행을 다닐 수 있었다는 사실을 깨닫게 되었다. 여태 나 혼자 하고 있는 여행이라 생각했는데 지나고 보니 결국 내 여행은 온 지구가 도와준 덕분이었던 것이다. 내 옆을 지켜주는 수많은 사람들에게 진심으로 감사의 인사를 전하며 쏟아지는 낙엽들 속으로 천천히 걸음을 옮겼다.

나 혼자 해내 왔던 여행이
모두의 도움으로 가능했음을 실감한 순간
파란 하늘 아래 두 다리로 걷고 있는 내가
세상 누구와도 비교할 수 없는 행운아가 되었다.

23
숲속 거인의 가슴에는 푸른 하늘이 떠 있다

D+29 충남 공주

나는 지금 대전을 거쳐 충남 공주로 향하고 있는 중이다. 여행이 길어질수록 촘촘하게 방문했던 도시 사이의 간격이 점점 길어지고 있다. 여행 초반 2주 동안 경상도를 벗어나지도 못했었는데, 욕심을 조금 버리고 움직이니 아예 도 자체를 하루 만에 넘어가곤 한다. 점점 집과의 거리가 가까워지는 것은 여행의 끝이 다가온다는 것과 같은 의미이니라. 이동하는 거리가 길어지면서 혼자 하는 생각이 많아졌지만, 그 시간이 퍽 싫지는 않다.

여행이 길어지니 하루 일정을 계획하는데 요령이 붙어 작은 공간들보다는 큰 규모의 방문지를 오전/오후 스케줄로 나누어 움직이는 편이다. 당초 목표는 공주 〈마곡사〉

에 방문하는 것이었지만 공주 〈연미산 자연 미술공원〉에서 〈2018 금강 자연 미술 비엔날레〉가 열리고 있다는 기사를 확인하고는 오전 시간에 방문해보기로 했다.

생전 처음 들어보는 축제인 금강 자연 미술 비엔날레는 세계 각국에서 온 작가들이 숙식을 함께하며 제작한 작품들을 전시하고 소개하는 축제로 2004년 첫 비엔날레를 시작으로 지금까지 이어져 오고 있다고 한다. 사실 '공주가 볼만한 곳'이라고 검색했을 때는 전혀 나오지 않던 곳이었는데 AI의 추천에 따라 검색을 해보았더니 연미산 자연 미술 공원이라는 키워드에 도착하게 되었다. AI의 발전 속도에 가끔 놀라곤 한다.

처음 사진으로 봤을 때는 전시 사진이 상당히 비현실적인 비주얼(?)이라 우리나라에 있는 곳이라고는 전혀 생각하지 못했는데, 실제로 공주에서 열리고 있는 전시라는 것을 알게 된 후, 꼭 한 번 내 눈으로 보고 싶어서 걷기에는 다소 먼 길이었지만 마다하지 않고, 금강을 따라 정돈된 보행자 도로를 천천히 걸었다. 날씨도 선선하고 시원한 바람도 불어 적당히 걷기에 좋았다. 종종 바로 옆 자전거 도로에서 자전거를 탄 사람들이 지나가곤 해서 외

롭지도 않았다.

꽤 오랜 시간을 걸어 도착한 곳은 그냥 산이었다. 말 그대로 하나의 산. 음... 분명히 산을 향하고 있는 표지판 속 화살표를 보고는 조금 당황했지만, 공주의 마스코트인 귀여운 '고마곰'이 옆에 서 있는 것을 보고 믿음을 가지며 걸음을 재촉했다.

금강 자연 미술 비엔날레는 말 그대로 자연 속에 자연의 재료들을 사용해 만든 작품들을 전시해놓은 축제였다.

전 세계 작가들이 산을 무대로 펼쳐놓은 수십 개의 작품을 찾아다니며 마치 보물찾기를 하는 기분이 들었다. 아주 독특한 작품도 있었고, 평범한 작품도 있었지만, 자연의 재료를 사용하여 만들어 놓은 파빌리온*들은 어느 작품이건 신기하지 않은 것이 없었다.

많은 곳을 다녔지만, 이곳만큼 동행이 없다는 게 아쉬웠던 적은 없었다. 그만큼 내가 이곳에 왔음을 남기고 싶었던 곳이었다. 혼자서 셀카에 도전해 봤지만 어색하게 올라간 내 입꼬리를 마주하고는 그냥 포기하고 이 순간을 즐기기로 했다. 수많은 작품 중에서 가장 기억에 남은 작품은 숲의 수호자처럼 보이는 거인의 형태를 한 거대한 작품이었다. 처음 이 작품의 사진을 보고 이곳을 방문해야겠다 마음먹었기에 직접 내 눈으로 보고 있다는 사실이 감격스러웠다. 오직 대나무로만 만든 이 작품은 큰 거인이 화를 내는 모습을 통해 자연을 함부로 파괴하는 인간들에 대한 분노를 표현한 작품이라고 생각했다. 그러나 작품을 실제로 확인하고 거인의 입을 통해 공간에 들어가 보

* 파빌리온
　박람회나 전시장에서 특별한 목적을 위해 임시로 만든 건물

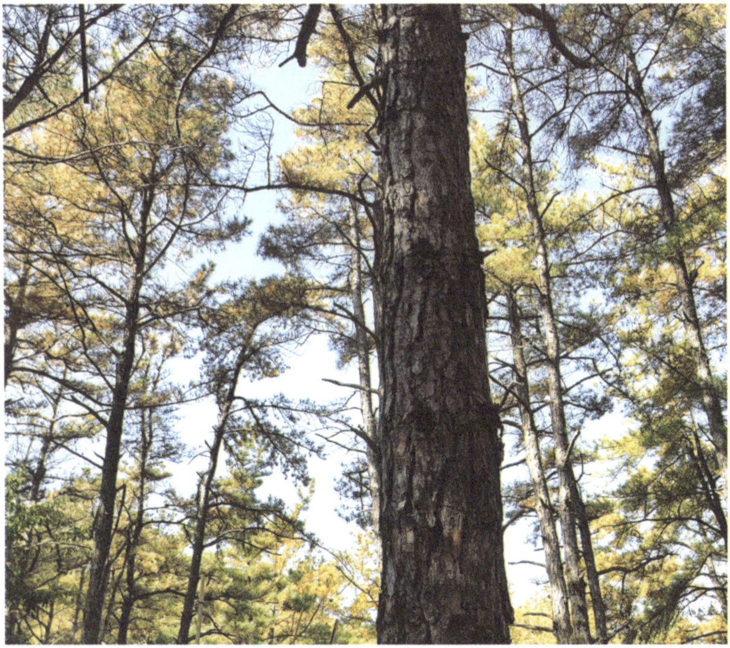

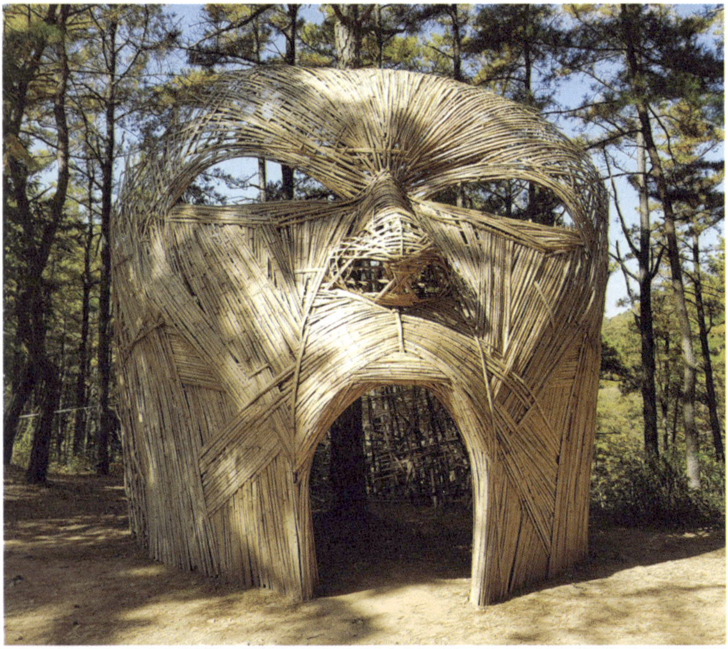

니 거인이 품고 있던 나무가 보였고 나무로 시선을 올려다보니 그제야 거인의 위에 펼쳐진 맑은 하늘이 보였다. 멀리서 겉만 보고 두렵다고 생각했던 작품이었는데 가까이 다가가 자세히 들여다보니 그 안에는 푸른 하늘이 존재하고 있었던 것이다. 어쩌면 나는 모든 것을 겉만 보고 지레짐작하여 겁을 내고 도망갔던 것이 아니었을까. 처음 여행을 떠나는 걸 망설였던 이유도 지레짐작으로 겁을 냈기 때문이다. 하지만 이제는 안다. 겉보기에는 무섭고 두려워 보이는 거인도 가까이서 들여다보면 나무 한 그루와 파란 하늘을 품고 있다는 사실을 알게 되었기 때문이다.

연미산을 내려와 마곡사를 가기 위해 버스를 기다리며 잠시 숨을 골랐다. 하루에 두 번 먼 거리를 이동하는 건 역시 체력이 달리는 일이지만 아직 해는 중천에 떠 있고 내 체력도 남아 있었기 때문에 계획대로 마곡사를 향하기로 했다. 다만, 배가 고팠기 때문에 절 앞에서 식사를 하고 들어가기로 했다.

마곡사에 도착하니 절의 초입 부분에 식당들이 모여있었다. 메뉴는 대부분 전, 비빔밥으로 비슷하였기에 가장 가까운 식당으로 들어갔다. 혼자 자리에 앉았음에도 불구하고 야외에 산이 잘 보이는 가장 좋은 자리를 내주시는 사장님께 감사드리며 모듬전을 하나 시켰다. 전을 시키고 나니 눈에 들어오는 '공주 알밤 막걸리'라는 단어. 식당 여기저기 붙어있는 그 단어를 빤히 쳐다보다가 결국 막걸리를 추가로 주문하고 말았다. 혼자 마시는 술이 썩 유쾌하지는 않지만 쉬거나 생각을 정리할 때는 참 좋다. 술을 마시게 되면 좀 단순해지는 것 같다. 머릿속이 복잡하거나 하루를 완벽하게 끝내고 싶을 때면 종종 식사와 함께 술을 한 잔씩 곁들이곤 했다. 지금 마시는 술은… 지금 내 눈에 보이는 풍경과 모듬전이라는 메뉴에 술이 빠지면 예의가 아니라고 생각했기 때문이다. 핑계가 아니고 진짜다.

아직 하루가 끝나지 않았기 때문에 전과 함께 막걸리를 반명만 마신 나는 해가 지기 시작할 무렵 마곡사를 향해 걸어갔다. 서서히 하루의 임무를 마친 해가 저물기 시작하면서 노을이 지기 시작했다. 단풍이 곳곳에 배어있는 산은 정말 아름다웠지만, 아직 푸른빛이 남아있는 곳들도 있어서 조금은 아쉬웠다. 조금 더 울긋불긋했다면 좋았을 텐데… 카메라 프레임을 맞추어 사진을 찍으면서 당시에 들었던 생각이다.

추후 여행을 정리하며 지난 사진들을 다시 둘러보게 되었다. 카메라에 찍힌 마곡사의 풍경은 모두 완벽한 가을의 모습을 하고 있었다. 빨강과 노랑, 초록의 색은 아름답게 조화를 이루며, 당시에는 아쉽다고 생각한 초록색이 자칫 한 톤으로 보일 수 있었던 사진에 생동감을 넣어주고 있었다. 당시에는 분명히 아쉽다고 느껴졌던 그 감정은, 사실 부족한 가을 풍경이 아닌 다른 이유가 아니었을까? 어쩌면 아직 하루가 끝나지 않았다는 생각에 미처 천천히 즐기지 못한 남은 알밤 막걸리 반병 때문일지도… 그건 아무도 모를 일이다.

공주 마곡사

24
쉽게 사랑에 빠지게 되는 도시

D+30 전북 군산

어느새 나의 목적지는 전라도를 향하고 있다. 경상도에서 강원도를 지나 경기도, 충청도 그리고 전라도에 도착한 것이다. 내가 전라도에 오다니… 여행을 시작할 때만 하더라도 전라도에 도착한 내 모습을 상상해본적이 없었기에 어느덧 여기까지 왔다는 게 실감이 나지 않았다.

전라도에서 처음 도착한 도시는 전라북도 군산이다. 군산에 들른 이유는 지금껏 큰 장소를 거쳐 왔던 것과는 다르게 작은 동네를 느껴보고 싶어서이다. 최근에 도시의 외곽에 있는 자연과 가까운 곳들 위주로 크게 크게 지역을 넘나들며 돌아다녔다면, 이번 군산에서 방문할 곳들은 도시 속에 자리 잡은 작은 규모의 공간들이었다.

서울 이후 오랜만에 사람 냄새가 나는 도심으로 들어서니 자연과 함께할 때와는 다른 편안함이 느껴졌다. 아마도 그건 오랫동안 도시에서 살아온 사람으로서 약간의 안도감 같은 것이었다. 사람이 모여서 함께 살아간다는 느낌. 건물과 건물이 붙어있고 나처럼 여행하는 관광객들이 보이는 곳. 여태까지 사람들이 없어서 북적거리지 않고 좋다고 생각했는데 사실은 사람이 좀 그리웠나 보다.

군산은 바다를 접하고 있어 예전 일제강점기 수탈의 역사가 그대로 남아있는 도시이다. 만들어진 지 100년이 지난 건물들이 곳곳에 남아있고 건물을 리모델링하여 용도를 바꿔서 사용하고 있는 곳도 많았다. 또 건물들이 전체적으로 높지 않고 일정한 높이를 유지하고 있는 것이 특징이었는데 비슷한 높이로 쪼르륵 서 있는 건물들이 참 귀엽게 느껴졌다.

군산에서 처음 방문한 곳은 〈이당미술관〉이다. 이곳은 예전 동네의 사랑방이었던 목욕탕이자 여관 건물이었던 곳을 리모델링하여 현재 갤러리와 작가 작업 공간으로 사용하고 있었다. 생각해 보면 내가 어릴 때만 하더라도 같은 동네의 사람들을 만날 수 있는 곳은 동네 목욕탕이었다. 거대한 굴뚝을 가지고 동네마다 꼭 하나씩 있던 목욕탕이 지금은 모두 어디로 사라졌는지 모르겠다. 예전에 목욕탕이었던 공간은 새로운 용도로 사용되고 있다 하더라도 흔적이 많이 남아있다. 벽에 붙어있는 정사각형의 타일은 기본이고, 욕조가 있었던 자리, 그 욕조를 올라가기 위해 생길 수밖에 없었던 낮은 계단들, 심지어 용도를 바꾼지 수년이 지나도 여전히 느껴지는 목욕탕 특유의 물비린내와 증기 냄새. 그렇게 남아 있는 흔적들은 공간에 들어오는 사람들을 무장해제 시켜버린다. 나 역시 미술관에 전시된 작품보다도 어린 시절 향수를 자극하는 물비린내를 맡으며, 깨져있는 타일들을 발견하며 기뻐했다.

즐거웠던 추억여행을 마치고 근처 카페로 향했다. 음~ 얼마 만에 카페에 앉아서 커피를 마시는지 모르겠다. 아이스 아메리카노를 한 잔 시키고 멍 때리고 있다가 커피를 홀짝, 또 잠시 멍 때리다가 홀짝.

최근 가장 하고 싶었던 행동이다. 그렇게 한참을 멍하니 앉아 카페 안에 있는 사람들을 바라보다가 항상 들고 다니는 노트를 꺼내서 앞으로 남은 일정을 간단하게 정리

군산 이당미술관

했다. 이제는 앞으로의 계획보다 여태껏 해왔던 기록들이 훨씬 많아졌다. 앞서 거쳐왔던 기록들을 뿌듯하게 보는 것도 잠시, 현실적인 고민에 빠졌다. 여행의 끝이 다가올수록 통장은 점점 가벼워졌고 이제는 정말 통장을 보며 남은 일정을 계획할 수밖에 없었다. 애초에 계획했던 일정 4주는 이미 지난 후였고, 예상보다 더 길어진 여행에 금전적인 부담은 점점 무겁게 다가왔다. 그렇지만 당장 돈을 벌 수는 없는 문제니 우선 아낄 수 있는 부분에서 아끼자고 다짐했다.

커피의 얼음까지 몽땅 씹어 먹고 나서야 자리에서 일어난 나는 아까 우연히 지나치다 보았던 동네 책방인 〈마리서사〉를 들러보기로 했다. 길을 걷다 보이는 예쁜 책방에 꼭 들어가 봐야 하는 병에 걸린 나는 도저히 일본 가옥의 형태를 가진 동네 책방을 그냥 지나칠 수 없었다.

사랑에 빠지는 것은
의외로 순간의 일이다.

나는 하루에도 수십 번씩
태어나서 처음 본 낯선 풍경들에게
내 마음을 오롯이 내주곤 했다.

동네 책방의 매력은 무조건 잘 팔리는 책들이 모여있는 게 아닌 책방 주인의 개성과 취향이 담긴 책들이 큐레이션 되어 있다는 점이다. 전시된 책들을 바라보면 책방 주인이 어떤 취향의 책들을 좋아하는지 알 수 있다. 이상하게 동네 책방에 들어가서 책을 구경하다 보면 꼭 사고 싶은 책들이 눈에 들어온다. 각각의 개성이 드러난 독립 출판물이라든지 아직 세상에 알려지지 않은 작가들의 책을 만날 때면 반가움에 한참을 바라보다가 결국에는 제값을 치르고 데리고 오게 되는 것이다.

이렇게 글을 길게 변명처럼 구구절절 적은 이유는 역시 이번에도 마찬가지였다는 것이다. 좀 전까지 카페에 앉아 돈 걱정을 했던 것이 무색하게 또 책을 한 권 고르고 말았다. 정당한 값을 치르기 위해 카드를 내밀고 나서야 아차 했지만, 사실은 알고 있었다. 책방에 들어가게 되면 분명히 어느 책이든 사랑에 빠져 데리고 나오게 될 것이라는 것을…

구매한 책을 손에 꼭 쥐고 바로 옆에 있는 카페로 향했다. 이미 낮에 카페를 한번 다녀왔었지만 구입한 책을 마저 읽고 싶었다. 따뜻한 차 한 잔과 함께 책의 마지막 장을 덮으면 더할 나위 없이 완벽한 하루가 될 것 같았기 때문이다. 우연히 들어간 카페는 2층에 게스트하우스를 함께 운영하고 있었고 시간 가는 줄 모르고 책을 읽던 나는 어느덧 깜깜해진 창밖을 바라보며 그냥 오늘은 여기서 머물러야겠다고 생각했다. 한 달이 넘는 여행을 하는 동안 이렇게 충동적으로 하루를 더 머물렀던 도시는 군산이 유일했다. 그렇게 나는 내가 생각한 최고의 하루를 보냈고 다음 날도 이 도시에서 눈 뜰 수 있다는 사실에 굉장히 기뻤다고 한다.

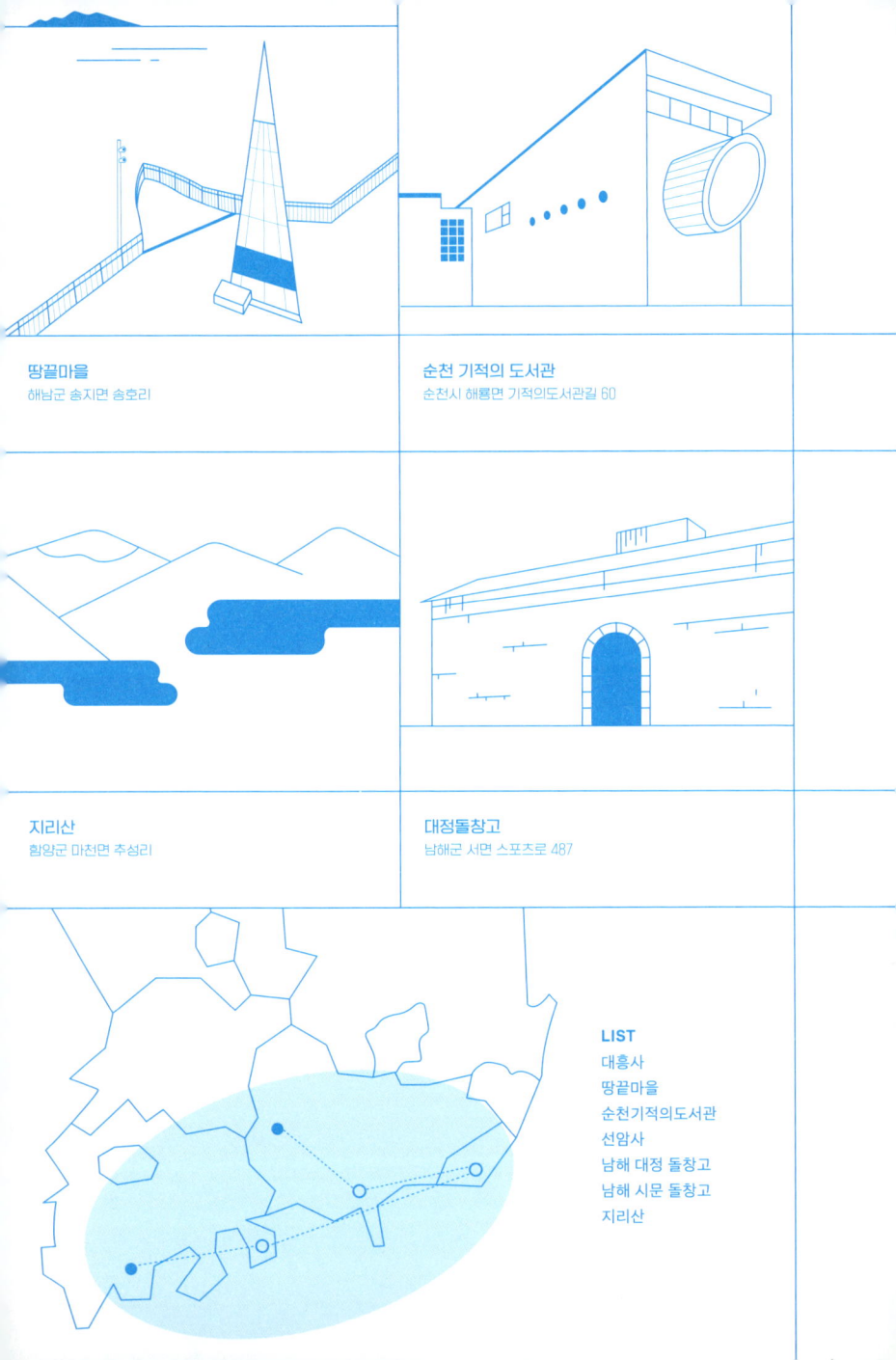

땅끝마을
해남군 송지면 송호리

순천 기적의 도서관
순천시 해룡면 기적의도서관길 60

지리산
함양군 마천면 추성리

대정돌창고
남해군 서면 스포츠로 487

LIST
대흥사
땅끝마을
순천기적의도서관
선암사
남해 대정 돌창고
남해 시문 돌창고
지리산

CHAPTER 4

긴 여행이 의미 있냐 물으신다면

25
긴 여행이 의미 있냐 물으신다면

D+32 광주광역시

이번 에피소드는 어제저녁 숙소에서 있었던 일로부터 시작해야겠다. 광주에 늦은 시간 도착하여 게스트하우스로 들어가 짐을 풀고 씻은 후 침대에 누워 있는데 사장님이 방문을 두드리시며 저녁 야식으로 떡볶이를 제공할 테니 먹을 사람은 중앙 테이블로 모여 달라고 하셨다. 이상하게 게스트하우스에 외국인들이 많아서 조금 쭈뼛대다가 밖으로 나가 식탁에 앉았다. 예상했던 대로 외국인이 훨씬 많은 식탁에 둘러앉아 사장님이 내주신 떡볶이를 먹고 있자니 영어가 조금씩 들리기 시작했다. 귀에 들리는 단어들을 조합해서 해석해 본 결과 지금 이들이 광주에 있는 이유는 오늘 광주에서 열린 게임대회 결승전 때문이었다. 게임 결승전을 직접 보기 위해 바다 건너 한국까지 오다니… 그들의 열정에 혀를 내둘렀지만, 사실 뭔가를 그만큼 좋아할 수 있는 열정이 부럽기도 했다.

귀를 쫑긋 세우고 이야기에 집중해봤지만, 도저히 영어 대화에 낄 수가 없어 묵묵히 떡볶이만 먹고 있던 와중 맞은편에 앉은 여성분의 입에서 아주 아름다운 한국어가 흘러나오는 것이 아닌가. 반가운 마음에 한국에서 한국어를 듣는 게 이렇게 힘든 줄 몰랐다며 너스레를 떤 나는 여성분과 대화를 이어나가기 시작했다. 간단히 자기 소개를 하며, 현재 한 달 넘게 전국 여행을 하고 있는 중이라고 말하자 깜짝 놀라던 그분은 잠시 고민하더니 길게 하는 여행이 스스로의 인생에 도움이 될 것 같냐는 질문을 던졌다. (본인이 긴 여행을 해본 적이 없어서 정말 궁금해서 묻는 것이라고 덧붙였다.)

직설적인 질문에 나는 잠시 멈칫할 수밖에 없었다. 사실은 여행을 시작하고 나서부터 지금까지 스스로 계속 가진 의문점이었기 때문이다. 떠나기 전, 여행은 일상에서 도피해 놀고먹는 행위라고 생각했었던 나는 과연 이 한 달 이상의 긴 여행에서 무엇을 얻어 갈 수 있을지에 대해 머릿속으로 끊임없이 고민해왔었지만, 상대방의 질문에 명확하게 답한다는 것은 또 다른 문제였다.

잠시 침묵하며 고민했지만, 곧 생각을 정리하고 대답할 수 있었다. 결국, 나 자신의 의문은 상대방의 질문으로써 완성되었다.

"이번 여행으로 인해 당장 제 인생이 드라마틱 하게 바뀔 것 같지는 않아요. 하지만 이 경험이 앞으로의 제 인생에 수많은 선택과 결정에 영향을 줄 것이고 결국 제 인생을 바꿀 것 같아요. 그게 어떤 결과이든. 그래서 저는 이 여행을 후회하지 않습니다."

이 얘기를 하는 동안 내 표정이, 내 목소리가 어땠는지 사실 잘 모르겠다. 다만 이 대답을 들었던 여성분의 미소와 멋지다는 대답을 통해 간접적으로나마 유추할 수 있었다.

늘 빽빽하던 내 다이어리에는
한 달째 아무 스케줄이 적히지 않았다.
대신 빈칸으로 남아있는 그 백지에는
누구도 흉내낼 수 없는 이야기들이 쌓였다.

다시 시간은 흘러 〈광주 비엔날레〉 전시가 열리고 있는 전시관. 수많은 작품들 중에 내 마음에 드는 작품들을 만나기 위해 부지런히 움직이는데 누군가가 옆에서 말을 걸었다. 좀 낯이 익다 했더니 어제 같은 숙소에 묵었던 남성분이다. 갑작스러운 만남에 인사를 나누고 반가워하다가 대뜸 나에게 어제 언뜻 들으니 예술, 건축 전공을 하신 분 같은데 이런 전시는 어떻게 이해하고 즐기는 게 좋을지 나에게 물어봤다. 덧붙여, 본인은 공대생인데다가 비엔날레를 처음 접해봐서 작품들이 난해하게만 느껴져 당황스럽다는 말을 전했다. 물론 나도 항상 비엔날레의 작품들을 보면서 이해하기 어려운 작품들을 앞에 두고 곤란했던 적이 많았지만 몇 번의 비엔날레를 경험하며 나름의 요령이 생겼으므로 전달한 답변은 다음과 같다.

"우선 모든 작품을 다 구경할 거라는 욕심부터 버리세요. 빠르게 전시장을 훑어보며 왠지 모르게 눈이 가거나 마음이 가는 작품이 있으면 그 자리에 멈추세요. 그다음에 작가의 이름을 보고 작품의 이름을 확인하는 겁니다. 작품의 이름과 내가 생각한 이미지가 비슷한지, 아니면 적어도 공감이 가는지 생각하며 작품을 이해하려 노력해 보는 겁니다. 그렇게 어느 정도 이해가 됐으면 다음 작품들로 넘어가 또 그 과정을 반복합니다. 그러다 문득 아까 봤던 작품과 비슷한 느낌의 작품을 만날 때가 있어요. 그리고 작가의 이름을 살피는데 아까 봤던 작가의 이름과 같으면 저는 약간의 전율이 듭니다. 내가 이 작가를 조금이나마 이해했다는 생각에요. 그 과정이 반복되면 어느 순간 그 작가는 내 취향인 작가가 되어 있는 것이죠. 그렇게 저는 제 취향을 정의하고 제 마음에 드는 예술가들을 찾아가고 있습니다. 물론, 이건 저만의 방법이긴 합니다."

내 이야기를 들은 남성은 미간을 찌푸리고는 잠시 고민하더니 고맙다는 인사와 함께 자리를 떴다. 사실 내 대답은 다소 모호하고 공감이 안 갈지도 모르는 감성적인 대답이었다고 생각한다. 그럼에도 불구하고 나는 그가 내 이야기를 통해 힌트를 얻어 오롯이 자신만의 방법으로 전시를 즐길 수 있기를 진심으로 바랬다.

전시를 모두 구경하고 다음 장소로 가는 길. 버스 시간에 맞추어 바쁘게 움직이다 골목에 자리 잡은 작은 사진관을 발견했다. 속도를 늦추지 못하고 급하게 사진관을 지나치다 발걸음을 멈췄다. 지금 내 모습을 사진으로 남기고 싶었기 때문이다. 버스 도착시간이 1분여 남았다는 경고 표시를 가만히 바라보다 과감하게 방향을 틀어 사진관으로 향했다.

딸랑 하는 소리와 함께 사진관 문이 열리고 자리에서 일어나 인사를 하시려던 사장님이 잠시 멈칫했다. 아마도 내 꼴을 보고 많이 놀라신 모양이다. 아무래도 내 모습이 사진으로 남기고 싶어 할 모습은 아닐 것이라 생각했기 때문일 것이다. 사장님의 얼굴에 당황스러운 빛이 보이자 나는 해명(?)을 하기 시작했다. "저는 지금 전국 여행을 하는 중인 학생입니다. 오랜 여행을 하는 동안 얼굴이 많이 상했지만(?) 지금 제 모습을 있는 그대로 남기고 싶어 이렇게 들리게 되었습니다." 설명을 들은 사장님은 그제야 이해가 간다는 표정으로 고개를 끄덕이며 한마디 하셨다. "아아~ 그렇군요. 좋습니다. 그런데 세수는 한 번 하고 찍는 게 좋지 않을까요…?"

세면대에서 간단한 세수를 마친 뒤 의자에 앉아서 포즈를 취했다. 딱히 포즈라 할 것도 없다. 그냥 몸에 힘을 빼고 앉아서 씨익 웃는 것이 전부다. 온종일 돌아다니느라 떡진 머리, 피곤해서 생긴 진한 외꺼풀, 군데군데 생긴 피부 트러블, 아저씨들이 입고 다닐 법한 등산 바람막이, 힙색이라고 하기에는 촌스러운 가방. 어디 예쁘다고 내놓기 힘든 사진이지만 이게 내 모습이다. 보정이나 남의 이야기가 조금도 포함되지 않은, 있는 그대로의 내 모습. 사실 사진을 받은 나도 망가진(?) 내 모습에 조금 놀랐고, 사장님도 "보정을 조금 하는 게 좋지 않을까요?"라고 걱정스레 물어봤지만 있는 그대로의 자랑스러운 그때 그 순간의 내 모습을 담은 사진은 여행이 끝난 지금도 내 책상 앞에 자리 잡고 있다. 결국, 짧은 순간을 영원히 기억하는 방법은 조금 불편하더라도 느리게 가는 여유를 택하는 것이다.

그날, 버스를 포기하고 발걸음을 돌려서 정말 다행이다.

TIP
조금 민망하고 어색할지라도 여행 중 본인의 모습을 있는 그대로 남겨보는 것을 추천한다. 순간을 기록한 사진은 평생 기억되기도 한다.

26
눈이 시리도록 아름다운

D+33 전남 해남

드디어 해남 〈땅끝마을〉로 간다! 여행 전 입버릇처럼 얘기했던 땅끝마을을 보고 오겠다는 말이 현실이 된 것이다. 광주에서 버스를 타고 해남에 도착했지만, 땅끝마을을 가기 전 〈대흥사〉를 먼저 다녀오기로 결정했다. 대흥사도 여행 목표인 [세계문화유산 지정 7개의 사찰 방문하기] 중 여섯 번째 절이었으니 의미가 있는 목적지다. 목표로 세워둔 것들이 하나둘 이루어지자 성취감이 느껴짐과 동시에 끝이 다가오고 있다는 묘한 아쉬움이 들었다.

마을버스를 타고 대흥사 근처까지 이동했다. 근처라고는 하지만 입구에서 대흥사로 들어가는데 길이 꽤 멀어서 30분은 더 걸어 들어가야 했다. 특이하게도 도보로 갈 수 있는 길이 두 갈래로 나누어져 있었는데 하나는 차도 옆에 있는 넓고 편한 길, 하나는 완전히 숲 속을 걸어야 하는 좁고 거친 길이었다. 나는 잠시 고민하다가 숲길을 선택한 뒤 천천히 걸어들어가기 시작했다.

아직 이른 시간이어서 사람 하나 지나다니지 않는 길을 걸어 5분쯤 들어가다가 그 자리에 멈춰 서고 말았다. 지금 눈앞에 있는 풍경이 너무나 아름다웠기 때문이다. 나무가 햇빛을 받아들여 생기는 그림자는 내 몸과 길에 은은히 수놓고, 길옆으로는 개울물이 졸졸 흐르며, 개울물 건너 편에는 침엽수들이 숲을 이루는 장관을 연출하고 있었다. 나뭇잎이 빽빽하여 전체적으로 어두운 그곳에 햇빛이 빈틈으로 부서지듯 쏟아지고 있었다.

그 어떤 미사여구로도 표현하기 힘든 풍경을 보고는 서둘러 카메라를 꺼내들었다가 슬그머니 내리고 말았다. 이 풍경은 카메라로 담을 수 있는 풍경이 아니었다. 도저히 담을 수 없었다. 사진으로 담는 것을 포기하고 눈으로 가슴에 담기 시작했다. 그 순간 갑자기 콧등이 시큰해졌다. 이 아름다운 풍경을 보면서도 아무것도 할 수 없다는 게 못내 마음이 상한 것일지도 모르겠다. 다음에 또 오면 된다

고 스스로 다독였지만 한 번 더 울컥할 수밖에 없었던 이유는 내가 언젠가 미래에 다시 이곳을 방문하더라도 그때의 나는 26살의 내가 아니기 때문이었다. 현재의 감정을 굳이 미래로 미룰 필요는 없었다. 그냥 이 순간에 지금의 내가 조금만 더 머물기로 했다. 마침 눈에 들어온 벤치에 앉아 조금 더 오래 그 순간에 머물며 나는 '눈이 시리도록 아름답다'라는 말을 정확하게 이해하게 되었다고 한다.

대흥사에 도착했지만, 숲길에서의 경험이 너무 강렬해서인지 대흥사에서의 기억은 많이 남지 않았다. 그렇지만 대웅전에 들러 내가 여기까지 올 수 있게 도와준 모든 분들에게 감사의 인사를 전하는 건 잊지 않았다. 유난히 바람도 불지 않고 따뜻한 날이었다.

대흥사에서 나와 다시 돌아갈 때는 일부러 넓은 길을 선택했다. 다시 한번 아름다운 숲을 보고 싶었지만 내가 느낀 감정을 벌써 다른 색으로 덧칠하고 싶지는 않았다. 시간이 지나 기억이 빛을 바래기 시작하면 그때 다시 한번 방문하여 새로운 색으로 덧칠하기로 했다.

버스 정류장에 앉아 버스를 기다리는 도중 정류장 맞은편에서 낡은 건물을 부수고 새롭게 공사하는 모습이 보였다. 다음번에 내가 다시 이곳에 도착하게 된다면 저 건물은 어떤 모습을 하고 있을까? 시간이 흘러가는 것을 그리 달가워하지는 않는 편이지만 조금은 기대가 되었다.

버스를 타고 오늘의 하이라이트인 땅끝마을로 향했다. 내가 땅끝마을에 대해 너무 큰 환상을 가지고 있었던 건지는 몰라도 음… 정말 아무것도 없었다. 사람들이 많이 찾는 곳이라고 생각했기에 관광지로써 어느 정도 발전이 있을 줄 알았더니 전혀 아니었다. 좋은 점이 하나 있다면 오랜만에 탁 트인 바다를 보았다는 정도? 그 외에는 딱히 볼만한 것이 없어서 땅끝마을의 상징인 땅끝탑에 가보기로 했다. 대한민국 최남단 땅끝마을 중에서도 가장 끝으로 가기 위해 산을 올라 바다와 맞닿아 있는 곳까지 갔다. 그곳에는 [땅끝탑]이라고 적혀있는 삼각형의 뾰족한 조형물이 기다리고 있었다. 땅끝탑이 있는 곳까지 내려가자 어찌나 바람이 세던지 오래 앉아 있을 수가 없을 지경이었다. 그토록 도착하고자 애썼던 곳인데 막상 도착하니 조금은 허무했지만 실망하지는 않았다. 정해 놓은 목적지에 도착한 기쁨보다 여기까지 오기 위해 겪었던 수많은 과정들이 훨씬 소중하다는 것을 이제는 알기 때문이니라.

그래도 여기까지 왔으니 사진은 남겨야겠다 싶어서 높은 탑을 찍으려고 낑낑대고 있는데 휴대폰 카메라로는 도저히 전체 탑의 모습을 담을 수 없었다. 아쉽지만 되는대로 카메라에 담고는 다시 돌아가기 위해 산을 오르다가 조금 위에서 탑을 내려다보며 사진을 찍었다. 때로는 조금 멀리서 목표를 바라보는 것이 더 명확하고 아름답게 보일 때가 있다. 나는 카메라에 담긴 사진을 흐뭇하게 바라보며 시내 쪽으로 걸어 나가기 시작했다.

목표에 도달하고자 너무 가까이 다가가면
되려 초점조차 잡히지 않을 때가 있다

그럴 때면 집착을 버리고
조금 목표에서 물러서보자

한 발 물러서면
비로소 보이는 것들이 있다

27
나는 여전히 그날의 용기를 칭찬한다

D+34 전남 순천

어젯밤 해남에서 출발하여 늦은 시간 순천에 도착했다. 여행하기 좋은 도시로 핫해지고 있는 순천답게 역 바로 앞에 게스트하우스들이 많았고 나는 역에서 가장 가까운 곳으로 숙소를 잡았다. 평일이었지만 의외로 손님들이 많이 있었고 저녁에 간단하게 파티가 열릴 예정이라고 했다. 여행 중 몇 번의 게스트 하우스 파티를 경험했지만 그리 기억에 남지 않았던 이유는 먹고 마실 당시에는 즐거웠지만 기억할 만한 사건도 없었고 다음날 인사도 없이 각자의 일정을 위해 흩어지는 일회성 인연이 조금은 허무했기 때문이다.

이번에도 역시나 그런 만남의 반복일 것이라 생각했지만

이제 곧 끝나는 여행의 마지막 게스트하우스 파티라고 생각하며 파티에 참석했다. 10명 정도의 사람들이 모였고 나는 그중에서 가장 빛나는 여성을 발견했다. 처음 볼 때부터 시선을 뺏겼지만 소심한 성격 때문에 제대로 쳐다보지도 못했다. 자신을 간호사라고 소개한 'A 누나'는 정말 예뻤고 목소리도 좋았으며 말하는 문장 하나하나 전부 멋있었다. 처음 만난 사람에게 이런 표현이 맞는지는 모르겠지만 나는 'A 누나'에게 반해버렸다.

술이 들어갔지만 'A 누나'와 눈이 마주치면 자동으로 시선이 불안정해지고 목소리가 작아졌다. 내가 마음에 드는 사람 앞에서는 눈을 계속 피하고 말수가 적어진다는 것을 처음 알게 되었다. 더군다나 파티가 생각보다 더 빨리 끝나게 되어 이른 시간에 헤어졌기 때문에 어차피 스쳐 지나가는 인연일 텐데 너무 신경 쓰지 말자고 스스로 위로하며 잠자리에 들었다.

이른 아침, 일정상 빨리 움직여야 했기에 일찍 기상하여 씻고 준비를 마쳤다. 공용 주방으로 가서 조식을 최대한 천천히 먹으며 혹시 'A 누나'의 얼굴이라도 한 번 더 볼 수 있지 않을까 어물쩍거렸지만 그런 행운은 일어나지 않왔다. 아쉬움에 계속 숙소를 돌아보면서 시내로 향했다.

순천은 사람들이 많이 찾는 유명한 곳이 정말 많지만 나는 조금 색다른 곳에 방문했다. 역 앞에서 버스를 타고 20분이면 갈 수 있는 〈순천 기적의 도서관〉에 방문한 것이다. 기적의 도서관은 고(故) 정기용 건축가님이 어린이들을 위해 설계한 어린이 도서관으로써 전국 도시 곳곳에 보석처럼 자리 잡고 있는 귀한 공간이다. 앞서 여행의 첫 목적지였던 진해 기적의 도서관을 방문하고는 정말 좋은 공간이라는 것을 깨달은 나는 전국의 다른 기적의 도서관들도 방문해 보고 싶었다. 그런 사연으로 인해 방문하게 된 순천 기적의 도서관은 역시 좋은 공간이었다. 아기자기하게 쪼개 놓은 공간들은 아이들이 책을 읽으며 다른 세상으로 빠져들 수 있게끔 상상력을 자극했고 그 안에 놓인 계단과 가구들은 아이들이 편하게 이용할 수 있도록 아이들의 크기에 맞게 설계되어 있었다. 또한, 성인들이 편하게 이용할 수 있는 규모의 공간들은 따로 존재하고 있어 내가 이용하기에도 불편함이 없었다. 한 가지 유일하게 아쉬웠던 점은 방문시간이 평일 이른 오전 시간이었던지라 실제로 사용하고 있는 아이들의 모습은 볼 수 없었고 상상으로만 만족해야 했다는 사실이다.

순천 기적의도서관

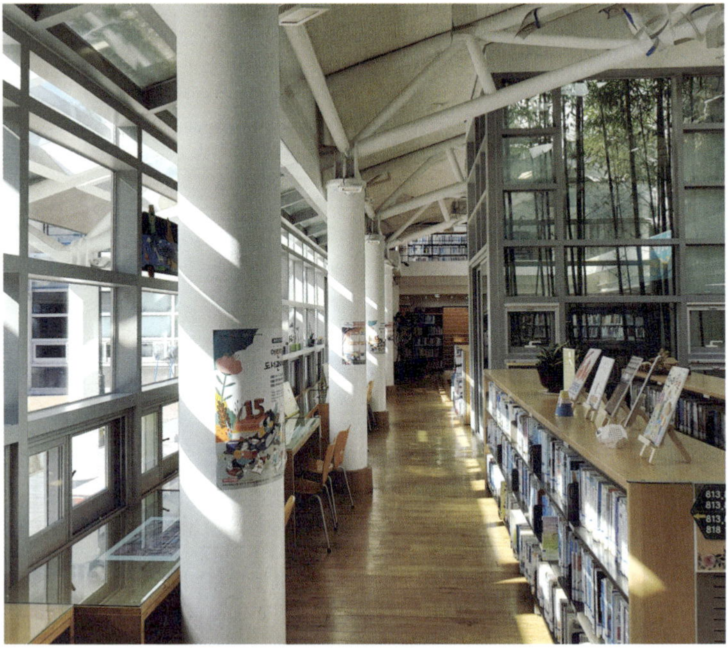

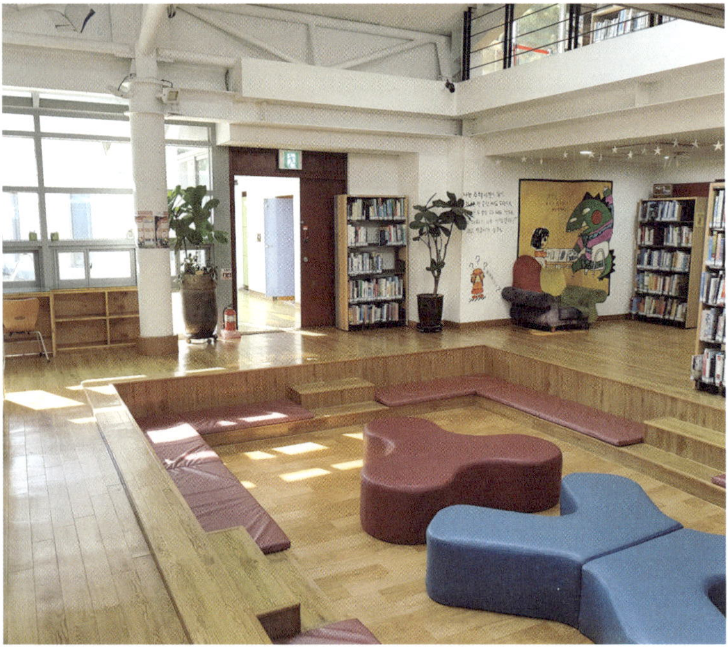

기적의 도서관을 방문한 뒤 다시 역으로 돌아와 내가 방문해야 할 마지막 절인 〈선암사〉로 향하는 버스를 기다리고 있는 와중이었다. 그때 누군가가 어깨를 툭툭 치며 인사를 건넸다. 놀라서 뒤를 쳐다보니 게스트하우스에서 방을 같이 사용했던 승민 씨였다. 어젯밤 자기소개 시간에 군인으로써 마지막 휴가를 나온 상황이라는 설명을 듣고 많은 이야기를 나눴었는데, 마침 오늘 선암사를 가는 일정이라고 했다. 짧게나마 동행을 만났다는 게 기뻐서 반갑게 악수하고는 이런저런 대화를 나누다가 버스에 함께 탑승했다. 버스에는 빈자리가 많아 편하게 앉아서 갈 수 있었다. 자리에 앉아서도 계속해서 이야기를 이어가고 있었는데 승민 씨가 갑자기 자리에서 벌떡 일어났다. 내가 눈치채지 못하고 이야기에 빠져 있는 사이 버스가 정차하고 사람을 태우며 어느덧 앉을 자리가 다 차게 되었고 이번 정류장에서 할머니가 버스에 타자 벌떡 일어나 자리를 양보한 것이다. 얼떨결에 나도 함께 일어나 자리를 양보해 드렸지만, 솔직히 깜짝 놀랐다. 여태껏 이렇게 망설이지 않고 빠른 행동으로 어르신에게 자리를 양보하는 사람을 보지 못했기 때문이었다. 그제야 다시 한번 제대로 본 그 친구의 눈은 선하게 빛나고 있었고 웃는 모습이 순

순천 선암사

한 청년이었다. 버스 손잡이를 잡고 서서 선암사까지 가는 동안 가슴이 아주 많이 따뜻해졌다.

선암사에 도착해서도 우리의 대화는 끊기지 않았다. 군인으로서 다시 사회에 나올 일이 막연하게 걱정된다는 승민 씨의 고민을 들어주면서 그래도 조금 더 인생 선배인 내가 이런저런 조언을 건네는 식이었다. 사실 조언을 건네면서도 전혀 걱정이 되지 않았던 이유는 내 이야기를 들으면서 빛나고 있는 눈빛과 적절한 리액션으로 이야기하는 사람을 편하게 해주는 승민 씨의 모습 때문이었다. 내가 현재 전국 여행을 하고 있으며 이제 거의 마지막에 다다랐다는 이야기를 하자 정말 용기 있다며 칭찬을 아끼지 않았다.

약 2시간 동안 함께 했던 짧은 동행을 마치고 헤어지기 전까지 몇 번이나 승민 씨는 나에게 말을 편하게 놓으라고 했지만 나는 계속 승민 씨를 높여서 불렀다. 마음에 드는 사람에게 최대한 끝까지 예의를 차리는 것은 내 나름대로의 신념이며 고집이다. 더 끈끈한 관계를 유지하기 위해 서로가 편해지는 것도 필요하다고 하지만 나는 적당한 선과 긴장감이야말로 관계를 유지하는 가장 좋은 길이라고 생각하기 때문이다. 그렇지만 다음번에 또 만나게 된다면 그때는 이름으로 편하게 서로를 부르기로 약속했다. 참 즐거운 동행이었다.

그날 밤, 진주에 도착하여 짐을 푼 나는 여행의 마지막 도전, 지리산 등반을 위해 두근거리는 가슴을 붙잡고 일찍 침대에 누웠다. 이상하게 가슴이 계속 뛰어 진정하지 못하고 뒤척거리다가 오늘 촬영한 앨범 속에서 승민 씨와 함께 찍은 사진을 발견했다. 그 순간 "형 참 용기 있네요!"라는 목소리가 들려왔다.

그 목소리를 듣자마자 내가 취했던 행동은 어젯밤 일회성으로 만들어진 게스트하우스 단톡방에 들어가서 첫눈에 반해버린 'A 누나'에게 연락을 하는 것이었다. '안녕하세요. 어제저녁 같은 숙소에서 만났던 손명광이라고 합니다.'로 시작된 문장은 직업부터 시작하여 말씀하시는 모습까지 너무 멋있어서 친하게 지내고 싶다는 내용이었으며, 'A 누나'는 '좋다, 친하게 지내자.'는 답장을 보냈다. 그날 밤 문자를 끝내고 나는 아주 편안한 마음으로 깊이 잠들었다. 아무래도 잠들기 전 계속 가슴이 진정되지 않았던 것은 다음날 지리산을 오르기 때문은 아니었나 보다.

아, 그래서 그 뒤의 일은 어떻게 되었냐고? 아쉽지만 '그렇게 둘은 행복하게 잘 살았답니다!'와 같은 영화에서 나올 법한 이야기는 일어나지 않았다. 그렇지만 요즘도 종종 안부를 묻고 서로의 근황을 전하는 친한 누나와 동생으로 잘 지내고 있다. 아, 물론 승민이도 마찬가지다.

TIP
여행 중 새로운 인연을 만난다는 건 정말 기적 같은 일이다. 조금 부끄럽고 어색하더라도 조금만 마음을 열면 새로운 친구를 만들 수 있다.

언젠가 반드시 돌아가
다시 마주할 장면이 있다는 것.

그 순간을 마주하게 된다면
카메라를 잠시 내려놓고
오감으로 그 순간을 만끽하길.

28
마지막까지 정신없는 하루

D+35 지리산

사실 여행의 마지막 일정으로 〈지리산〉 등반을 할 것인지 남해로 갈 것인지에 대해 고민을 참 많이 했다. 지리산을 먼저 등반하게 되면 남해에서의 마지막 하루가 조금 아쉬울 것 같았고, 남해에 먼저 가게 되면 지리산을 하산하자마자 집으로 향하는 스케줄이 조금 버거울 것 같았다. 장단점이 명확한 두 개의 계획을 계속 고민하다가 결국 지리산을 먼저 등반하기로 결정했다.

그렇게 결정을 마치고, 드디어 오늘! 진주의 한 숙소에서 조금은 설레고 한편으로는 긴장된 마음으로 눈을 떴다. 내 여행의 마지막 도전이 될 지리산 등반을 하는 날이다.

여행의 피날레를 의미 있게 보내고 싶었던 나는 여행을 떠나기 전부터 지리산을 등반할 계획을 세웠었다. 물론 아빠는 네가 무슨 지리산 등반을 하냐며 무시했지만, 그 코웃음에 반드시 천왕봉을 밟고야 말겠다는 의지를 다시 한번 다질 수 있었다. 분명히 마음속으로 다짐을 하긴 했지만 실제로 등산 시간을 예상해서 출발지점과 하산지점을 찾아보며 구체적인 계획을 세우고 있는 스스로가 신기하게 느껴졌다.

내가 세운 지리산 등반 계획을 위해서는 시간에 맞추어 정확하게 움직여야 한다. 나는 대중교통을 이용해야 하기에 진주에서 함양까지 가는 버스를 타고 다시 함양에서 백무동에 도착해야 지리산 등반을 시작할 수 있었다. 혹여 1박 2일 일정이라면 여유롭게 산에 오를 수 있겠으나 나는 당일에 천왕봉까지 올랐다가 내려올 생각이었으니 늦어도 9시에는 등산을 시작해야 시간에 맞추어 하산할 수 있었다.

버스로 지리산 입구까지 이동하는 시간만 2시간이 넘게 걸리니 적어도 6시에는 숙소를 나서야 했다. 일찍 일어났음에도 불구하고 어젯밤 이른 시간에 잠들어서 그런지 약간의 긴장감이 감돌면서 머리가 아주 개운했다. 버스도 문제없이 제시간에 환승이 이루어졌고 무사히 지리산 입구까지 도착할 수 있었다. 거기까지는 계획했던 대로 완벽했지만 미처 예상하지 못한 상황이 벌어졌다. 막상 지리산 입구에 도착하니 그제야 긴장감이 확 몰려와 도저히 속에 무엇을 채워 넣지 못할 상황이 되어 버린 것이다. 나름대로 서둘렀다고 생각했는데 이미 시계는 9시 30분을 지나고 있었고 마음이 급해진 나는 빈속으로 근처 슈퍼에서 비상식량만 산 뒤 바삐 산을 오르기 시작했다.

소백산을 탈 때는 잠을 못 자서 머리가 어지럽더니 이번에는 잠이 부족한 건 아닌데 빈속이라 힘이 나질 않았다. 어째 산을 탈 때마다 좋은 컨디션으로 시작하는 날이 없다며 혼자 투덜대다가 어느 순간 투덜대는 에너지도 아까워 그저 한 걸음 한 걸음에 집중했다.

그래도 확실히 잠이 부족한 것보다는 배가 고픈 게 훨씬 낫다. 잠이 부족했을 때는 머리가 계속 지끈거려서 힘들었는데 배가 고프니까 조금 예민해지기만 할 뿐 별다른 신체 이상은 없다. 어차피 혼자 하는 산행이니 예민해진 것은 티도 안 난다. 그렇게 쓸데없는 생각을 하면서 산을 오르고 있는데 우리 아빠뻘 정도 되어 보이는 아저씨가 앞서 걸어가는 모습이 눈에 들어왔다. 형광색 가방이 눈에 띄어 자꾸 시선을 주게 되었는데 형광색을 쫓아 걷다 보니 어느덧 약수터가 나왔다. 먼저 가던 아저씨도 잠시 가방을 풀고 쉬고 계셨다. 나도 멀찍이 앉아서 물을 마시고 새로 물을 보충한 뒤 앞서가려고 아저씨 앞을 지나는데 "젊은 사람이 장비도 없이 대단하네."라고 말을 건네셨다. 그 말에서 드러나듯이 내 복장은 지리산을 대하는 예의상(?) 반바지를 긴 바지로 갈아입은 것 빼고는 소백산을 등반했을 때와 다를 바가 없었다. 맨투맨 하나에 긴 바지 그리고 허리에 매고 있는 작은 힙색 하나. 지금 다시 생각해 봐도 오로지 젊음 하나 믿고 참으로 용감했다.

아저씨의 칭찬에 가볍게 웃으며 답한 나는 다시 산을 오르기 시작했다. 젊음은 있지만, 아직 내공이 부족한 나는 빠르게 온 힘을 다해 고지를 오르고는 헉헉거리며 쉬고 있을 때 아저씨는 일정한 걸음걸이로 천천히 나를 지나치시며 화이팅! 하고는 지나가셨다. 그렇게 앞서거니 뒤서거니 하며 우리는 서로에게 등산 메이트가 되어주었다. 대화를 나누지는 않아도 함께 옆에서 걸어주는 사람이 있다는 것이 얼마나 큰 힘이 되는지 알게 되었다.

시간이 얼마나 흘렀을까? 어느새 장터목 대피소에 도착했다. 여기까지 오느라 너무 힘들었기에 조금 쉬었다가 올라가려 했지만, 주방에서 흘러나오는 라면 냄새에 이성을 잃을 것 같아서 얼른 다시 천왕봉을 향해 발걸음을 옮겼다. 앞으로 정상까지 1.7km 남았다.

장터목 대피소를 지나자 본격적으로 지리산의 아름다움이 드러나기 시작했다. 10월 말이었지만 산의 높이로 인해 기온이 낮아 이미 눈으로 뒤덮인 산의 모습이 펼쳐졌다. 눈 덮인 산은 정말 아름다웠지만, 그것과 별개로 아이젠 없이 산을 오른 나는 조금 더 신경을 곤두세워 발에 힘을 주고 미끄러지지 않기 위해 애써야 했다.

그렇게 1km… 700m… 500m… 서서히 가까워지던 천왕봉이 결국 내 눈앞에 나타났다. 더 오를 곳이 없는 정상에 내가 도착한 것이다! 등산 메이트였던 아저씨가 먼저 도착하여 "아이고~ 진짜 정상까지 왔네!"라며 악수를 건넸다. 나는 씩 웃으며 오늘 등산의 절반 이상을 함께해 준 등산 메이트의 손을 맞잡고 감사하다 인사했다.

우리나라에서 가장 높은 곳에 내가 올라서 있다니 참으로 감개무량했다. 마지막 여행의 목표를 달성했다고 생각하니 성취감과 동시에 허무함이 함께 찾아왔다. 최선을 다했어도 항상 목표를 이루고 나면 조금은 허무해지는 것은 어쩔 수 없나 보다. 생각해보면 오랜 기간 마음속에 담아 두고 있던 목표가 갑자기 쑥 빠져버렸는데 아무렇지 않은 것도 이상하다. 이 공허함은 다시 다른 목표로 채워 넣을 때까지 잠시 그대로 놔두기로 했다. 이제는 또다시 뭐든 들어갈 수 있다는 뜻이니까.

앞서 경험했다시피 하산길은 올라가는 것보다 더 힘든 일이다. 그렇지만 여태껏 열심히 걸음을 옮겨주었던 두 다리가 잘 버텨주어 문제없이 지리산 등반을 마무리할 수 있었다. 무사히 콘크리트로 포장된 땅을 밟자 긴장이 풀렸는지 몸에서 열이 나기 시작했다. 기운을 다 쓴 몸이 방전될 준비를 하는 것이다. 오늘 하루 열심히 버텨준 몸에 감사해하며 등반을 시작하기 전 시간을 확인했던 곳에 도착했다. 오후 4시 40분. 장장 7시간의 등산이었다. 쓰러지기 직전인 내 몸에게 고생했지만 조금만 더 버텨달라고 독려하며 진주로 향하는 버스에 올랐다.

버스 의자에 착석하자 긴장이 완전히 풀리며 마음이 편해졌다. 진주로 돌아가서 바로 씻고 누울 숙소를 검색하고

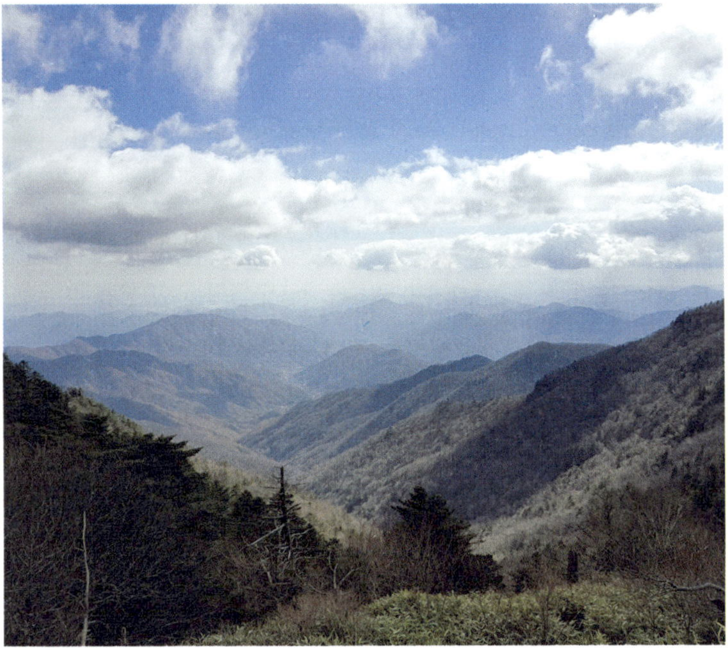

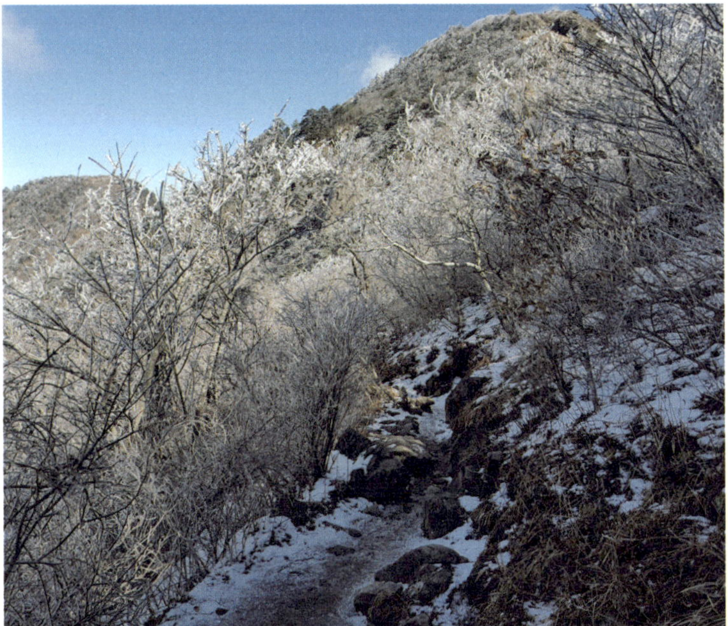

지리산

있는데 출발하기 전 이야기를 나누시는 버스 기사님들의 목소리가 귀에 들려왔다.

"형님 내일 어쩌실 꺼유?"
"뭘 어째? 다 같이 하는 건데 해야지."
"어휴… 이거 또 골치 아파지겠구만…"
"이번 파업은 얼마나 가려나?"

기사님들의 대화를 한 귀로 듣고 한 귀로 흘리다가 '파업'이라는 단어에서 움찔했다. 설마설마하며 다급하게 검색해 본 진주 버스 파업에 관련된 내용은 이러했다. '진주 시내버스, 2018년 11월 1일부터 파업에 돌입' 그리고 오늘은 10월 31일이었다.

굉장히 간단한 문장이었지만 중요한 건 내가 내일 진주에서 아무것도 하지 못하고 발이 묶일 수도 있다는 말이었다. 사실 지금 생각해보면 버스 파업이 진행되어 조금 귀찮더라도 어떠한 방법으로든 진주를 빠져나갈 수 있었을 테지만 그때 나의 심신은 매우 지쳐있었으므로 올바른 판단을 내리기가 힘들었다.

빠르게 상황 판단을 끝낸 뒤, 쓰러지기 직전의 몸뚱아리를 이끌고 오늘 저녁 남해로 넘어가기로 결정했다. 하지만 버스 시간표를 확인하니 자칫 잘못하면 남해행 막차를 놓칠 수도 있는 상황이었다. 백무동에서 2시간여를 달려야 도착하는 진주행 버스를 타고 가는 동안 긴장하느라 단 한숨도 자지 못했다. 혹여나 남해행 막차를 놓칠까 봐 손톱을 깨물며 긴장하던 나는 진주에 도착하자마자 막 출발하려는 남해행 버스를 간신히 잡아서 탈 수 있었다. 이미 내 체력은 한계에 다다랐고 정신력으로 버티고 있는 거나 마찬가지였다.

아무것도 없는 남해 정류장에 툭하고 떨어지니 이미 밤 10시가 넘은 늦은 시간. 숙소도 예약하지 못해 갈 곳도 마땅치 않았다. 생각보다 더 시골인 남해는 아무리 검색을 해봐도 좀처럼 적당한 가격의 숙소를 발견할 수 없었고 참고 참다가 결국 근처 아무 모텔이나 들어가 방을 잡았다. 하룻밤 숙박비는 무려 오만원! 지금껏 여행하며 처음이자 마지막으로 삼만 원보다 비싼 가격을 숙박비로 지불한 날이었다. 그 뒤로는 온 진이 다 빠져 따뜻한 물로 샤워한 뒤에 그대로 기절하듯 잠들어버렸다.

알람도 없이 푹 자고 일어난 나는 아침에 눈을 뜨자마자 가장 먼저 인터넷에 진주 버스 파업을 검색했다. 가장 위에서 나를 반겨준 '진주 버스 노조, 극적 협상 타결! 파업 철회!'라는 기사를 보고는 지끈거리는 머리를 붙잡고 그대로 다시 침대에 드러누웠다.

지리산 천왕봉

29
여행은 아쉽기에 또 떠나는 것이다

D+36 경남 남해

누가 남해를 관광하기 좋은 도시라고 하였는가. 아마 그 소문을 낸 사람들은 모두 자가용을 가지고 있는 사람일 것이다. 뚜벅이 여행자는 시내버스를 이용하여 움직여야 하는데 좀처럼 버스 시간이 맞지도 않고 버스의 번호조차도 알아보기 힘들었다. 전국을 돌아다니며 정말 이렇게까지 알아보기 힘들었던 버스 노선은 처음이었다. 심지어 내가 가려고 했던 방향과 반대 방향으로 가는 버스를 잘못 탄 후에는 그냥 마음 편하게 목적지까지 걸어가기로 했다. 여전히 내 무릎 연골은 건재하다.

가장 먼저 방문하려 했던 곳은 〈책의 정원〉이라는 동네 책방이다. 앞서 말했지만 나는 예쁜 책방을 그냥 지나칠 수 없는 병에 걸려있기 때문이다. 더 이상 자세한 설명은 생략하겠다.

지도를 보고 찾아간 곳에는 마치 가정집처럼 보이는 건물이 서있어서 잠시 망설였지만 '책의 정원'이라고 적혀있는 간판을 보고 조심스럽게 책방에 들어섰다. 안으로 들어가니 소담한 장소인 만큼 책들이 많지는 않았다. 그렇지만 사장님의 취향이 확실하게 느껴지는 책들을 보며 나만의 소담한 공간을 가지고 살아가면 정말 행복하겠다는 생각을 했다. 친절하신 사장님은 따뜻한 차를 내주셨고 잠시 이야기를 나눌 수 있었다. 다음 목적지를 물으시는 사장님께 남해에서 유명한 돌창고 프로젝트를 보러 가려 한다고 말씀드리니 조금 놀라시며 지금 남편분이 돌창고를 관리하고 계시며 원한다면 차로 돌창고까지 데려다 주시겠다고 하셨다. 갑작스럽게 찾아온 행운은 감사 인사를 드리며 받아들이는 게 좋다.

사장님 차를 타고 편하게 도착한 돌창고는 내가 생각한 모습과는 달랐다. 인터넷에서 본 사진은 이게 아니었던 것 같은데?라는 생각에 당황해하고 있자 현재 남해에서 진행되고 있는 돌창고 프로젝트는 두개로 〈시문 돌창고〉와 〈대정 돌창고〉로 나뉜다고 하셨다. 인터넷에 검색하면 나오는 시문 돌창고는 카페로 사용하고 있어 이미 유명한 공간이었지만 대정 돌창고는 당시 외부인들에게 알려지지 않은 최신 프로젝트였다. 그리고 사장님께서는 나를 대정 돌창고로 데려다주신 것이었다. 심지어 일반인들이 들어갈 수 없게 문이 잠겨있었지만 사장님께서 직접 문을 열어주시고 편하게 구경하라고 말씀해 주셨다. 〈대책의 공간〉으로 불리는 대정 돌창고는 현재 전시회와 카페, 공방을 함께 운영하는 문화공간으로 사용되고 있다. 내가 방문했을 당시에는 작가들을 위한 작업 공간이었는데 용도가 더 폭넓게 바뀌었고 지금은 사람들이 많이 찾는 명소가 되었다고 한다.

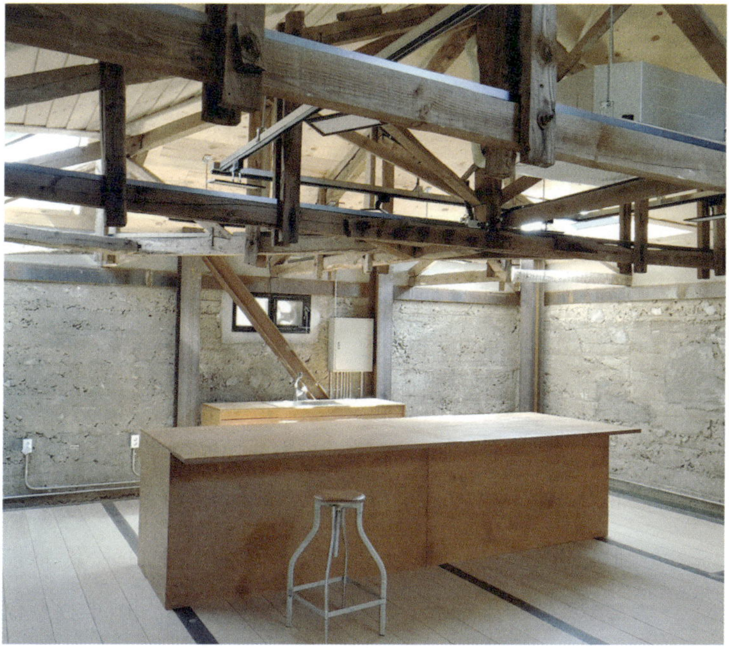

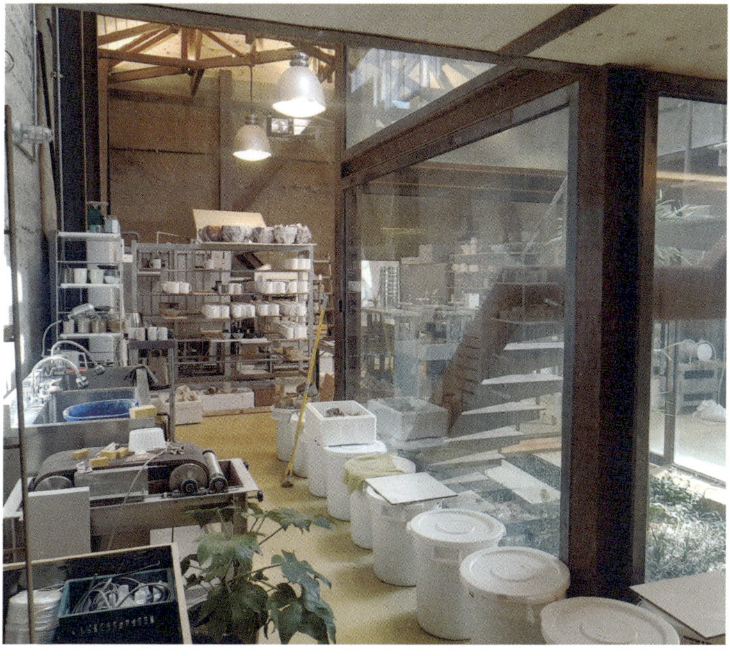

세상에 아직 알려지지 않은 프로젝트를 먼저 본다는 것은 정말 특별한 일이다. 이런 행운들을 의심하고 거절하지 않고 기꺼이 감사하는 마음으로 받아들이게 된 것도 결국 여행 중 깨달은 인생 팁이었다.

돌창고 프로젝트를 모두 확인한 뒤 여행의 마지막 숙소가 될 〈남집〉에 숙박을 예약하기 위해 사장님께 전화를 걸었다. 남해의 수많은 게스트하우스 중 이곳을 선택한 이유는 바로 저녁에 진행되는 낚시 투어 프로그램을 신청할 수 있었기 때문이다. 호평이 가득한 후기들을 보는 와중 자칭 꿀팁이라고 주장하는 조금 특이한 후기를 발견하게 되었다. 만약, 사장님이 오늘 방이 없다고 하면 당황하지 말고 진짜요?라고 한 번 되물어보라는 것이었다. 그 특이한 후기에 피식 웃고는 사장님께 전화를 드리자 몇 번의 신호음 끝에 사장님의 목소리가 들렸다.

"저, 오늘 방 예약하려고 하는데요."
"아, 오늘은 방이 없어요."
"진짜요??"
"…후… 언제 오시는데요?"

정말 그 후기는 꿀팁이 맞았다. 진짜요? 라는 주문 뒤에 방이 생기는 기적을 본 나는 숙소를 예약하기 전에 후기들을 둘러본 것이 얼마나 큰 행운이었는지를 생각하며 누군지 모를 꿀팁 제공자에게 감사의 인사를 올렸다.

갑자기 생긴(?) 빈방을 서둘러 예약하고, 숙소에 도착한 나를 사장님께서 반갑게 맞아주셨다. 내가 예약한 낚시 투어는 해가 완전히 진 후에 할 예정이니 식사를 하고 휴식을 취하고 있으면 된다고 하셨다. 침대에 누워서 뒹굴거릴 수도 있었지만, 어느덧 정말 내 여행의 마지막이 다가왔다는 생각에 조금 심란해져 숙소 앞에 있는 바닷가로 나갔다. 바다가 정면으로 보이는 곳에 앉아 바다가 해를 삼키는 과정을 가만히 지켜보며 지난 여행을 떠올렸다. 주마등처럼 지나가는 순간순간이 모두 행복한 기억들이다. 굳이 들추지 않아도 튀어나오는 기억들을 떠올리며 한참을 그 자리에 머물렀다.

초저녁부터 앉아 있었는데 어느덧 해가 깜깜하게 져버렸다. 시골 마을이라 그런지 불빛도 없어서 돌아가는 길이 상당히 오싹했지만 아무렇지 않은 척했다. 내가 숙소에 도착함과 동시에 낚시 나갈 채비를 마치신 사장님과 함께 불빛 하나 없는 방파제 쪽으로 향했다. 배를 타고 가는 것이 아닌 방파제에서 미끼를 이용해 고기를 낚는 방식이었다. 잘 잡힐 때는 바늘을 넣는 즉시 볼락이 수십 마리씩 잡힌다고 하셨다. 그 말을 믿고 한껏 기대한 찰나, 사장님이 물에 손을 넣어보시더니 "아… 오늘 물이 조금 따뜻한데…"라는 불길한 징조의 이야기를 꺼내셨다.

사장님은 불안해하셨지만, 낚싯대를 쥐고 있는 것만으로도 이미 신이 난 나는 낚싯대를 열심히 위아래로 흔들었다. 그러기를 5분… 10분… 20분… 어쩜 이렇게 한 번의 입질도 없을 수 있을까 싶을 정도로 고요한 시간이 흘렀고, 나보다 더 당황해하시는 사장님을 보며 실망했다는 티를 낼 수 없었던 나는 애써 괜찮다고 말씀드렸다. 이미 낚시를 시작하기 전에 오늘이 내 전국 일주 마지막 날이라는 사실을 들으신 사장님은 "마지막에 이러면 안 되는데…"라는 말을 반복하셨다. 옆에서 힘이 빠지신 사장님을 위로하고자 한마디 던졌다.

"에이~ 사장님 물고기들이 저 나중에 또 놀러 오라고 이러나 봅니다. 저 다음에 여행 한 번 더 해야겠어요! 하하"

사장님을 위로하고자 한 말이었는데 내가 말하고 스스로

놀라버렸다. 그래, 마지막이 아쉬우니까 나중에 또 떠날 마음이 생기는 것이다. 세상에 완벽한 여행이 어디 있겠느냐만 나의 마지막 날이 조금 아쉬웠기에 나는 또다시 다음 여행을 꿈꿀 수 있게 되는 것이다. 무심코 던진 말에 혼자 기분이 좋아진 나는 바람이 더 차가워지기 전에 돌아가자고 했다.

사장님이 못내 나에게 미안해하셔서 옆에서 계속 괜찮다고 말씀드리느라 오히려 힘들었다. 물고기를 잡지 못해 조금 아쉬웠지만, 야식으로 숙소에 얼려놓은 해산물들로 끓여주신 해물라면으로 든든히 속을 채우고 등에서 땀이 날 정도로 팔팔 끓는 전기장판 위에 누워 여행의 마지막 하루를 생각했다.

"아, 정말 완벽한 여행의 마지막 날이다!"

너무 아름다웠기에 오히려 슬퍼지기도 했고
조금은 아쉬웠기에 다음을 기대하게 되었다.

상반된 감정에 당황하던 스물여섯 살 가을,
아마도 나의 시간은 이곳에서 영원히 멈춰있겠지.

EPILOGUE
에필로그

- 내 자리를 잠시 비운다는 것 -

따르릉… 따르릉…

알람 소리에 침대에서 눈을 뜨자 2층 침대의 낮은 천장이 가장 먼저 눈에 들어온다. 여행을 하는 동안 익숙해져 버린 낮은 천장이지만 당분간 볼 수 없을 것이라 생각하니 조금은 쓸쓸하다. 처음부터 마지막까지 나의 동행이 되어 주었던 가방을 메고 집으로 돌아가기 위해 숙소를 나선다. 버스를 타고 남해 시외버스터미널로 이동하여 창원행 티켓을 발권한다.

"창원, 성인 한 명이요."

20년 가까이 살았던 도시 이름을 부르는 일이 이렇게 서

운할 일인가 싶다. 버스를 기다리며 의자에 잠시 앉아 있으니 마음이 차분해진다. 기다리는 시간이 설렜던 지난날과는 조금 다르다. 항상 어디로든 움직여야 했었는데 이제 다시 내가 있던 자리로 돌아가는 것이다.

여행을 떠나기 전 나는 항상 내가 있는 자리를 비우는 것을 두려워했었다. 내가 잠시 자리를 비우면 내가 속해 있던 조직들에 문제가 생기지 않을까, 그렇다면 내가 있을 자리가 사라져 버리는 건 아닐까 두려웠다. 하지만 결론만 이야기하자면 '아무 문제도 없었다.' 내 걱정과는 달리 내가 없어도 세상 모든 일은 잘 돌아갔고, 지인들은 잠시 자리를 비운 나를 보채지 않고 기다려줬다. 이로 인해 깨달은 것이 있다. 내 자리를 잠시 비운다는 것은 내 자리가 사라지는 게 아니라, 나에게 부족한 것을 채우고 다시 돌아올 곳이 있다는 것을 의미한다는 사실이다.

버스를 타고 달리다 보니 어느덧 익숙한 풍경들이 보이기 시작한다. 며칠이나 자리를 비웠다고 집 근처의 풍경이 이렇게 새롭게 느껴지는지 모르겠다.

37일 동안 전국을 누볐던 나의 여행이 드디어 끝을 맞이했다. 모두 출근하여 아무도 없이 조용한 집은 내가 출발하기 전 봤던 그 모습과 똑같다. 여행을 떠나기 전 긴장했던 마음이 기억나면서 피식 웃음이 났다. 무거운 가방을 벗어서 내 방에 놓고 따뜻한 물로 씻은 후 오랜만에 내 침대에 누웠다가 나도 모르게 잠이 들어버렸다.

"고생했어, 우리 아들."

꿈결처럼 귀를 간질이는 엄마 목소리에 눈을 떴다. 눈을 떠보니 가족들이 모두 모여 있었다. 금요일 저녁에 가족들 모두가 일찍 집에 모였다는 것은 아들의 무사 귀환을 축하하기 위해서이다. 아무도 없는 집에 들어왔을 때는 못 느꼈는데 가족들의 얼굴을 보니 이제야 진짜 내 자리로 다시 돌아왔다는 실감이 난다. 촉촉해지는 눈시울을 숨기고자 잠이 덜 깬 척 눈을 비비며 큰 소리로 말했다.

"다녀왔습니다!"

남해 길 위에서

후기

많은 지인들이 한 달이 넘는 시간 동안 여행을 다녀오니 인생에 큰 변화가 생겼는지 물어보았다. 글쎄... 지금도 나는 여행이라는 단어에 대해서 그다지 흥분하지 않는다. 당장 가방을 싸서 떠나고 싶거나 누군가의 여행 사진을 보면서 엉덩이가 들썩거리지 않는다. 그저 친구들과 이야기를 하면 나도 모르게 여행 에피소드를 줄줄 꺼내고 있거나, 서점에 가면 여행책 코너에서 조금 더 오랜 시간을 보내거나 할 뿐이다.

최근 몇 년간 유례없던 재앙은 딱히 여행을 좋아하지 않는다는 말을 입 밖으로 꺼내기도 힘들 정도로 모든 것을 멈추게 만들었다. 책을 수정하는 기간이 생각보다 훨씬 길어지며 다시 자유롭게 떠날 수 있는 세상이 도래했다는 것이 꿈같은 이야기가 된 요즘이다. 원고를 수정하고 지난 사진을 다시금 골라내며, 5년 전 가방 하나 들고 전국을 떠돌았던 26살의 내가 생각이 나서 즐거웠지만, 한편으로는 많이 그리웠다.

국내 여행을 하는 것도 버거워 고민하던 아들이 떠날지 말지 망설이고 있을 때 사내자식이 한 번 결정했으면 지켜야 한다고 등 떠밀어 보냈던 엄마에게 이 순간 진심으로 감사드린다. 행여 타지에서 고생할까, 추운 데서 자지는 않을까 걱정하며 묻지도 않고 경비를 지원해 주신 아빠와 여행 중간중간 내가 외로울새 없이 계속해서 안부를 전하던 동생과 친구들에게도 감사의 인사를 전한다. 또한, 지난 책에서 부족한 점이 많이 보여 개정판을 계획하고 표지 디자인을 부탁드렸을 때 흔쾌히 수락하고 멋진 디자인을 만들어 책에 입혀주신 강소금 디자이너님께 마무리가 너무 늦어져서 오랜 시간 너무 고생 많으셨다는 말씀과 함께 감사의 인사를 전하고 싶다.

언제든지 갈 수 있다고 생각해서 주목받지 못했던 국내 곳곳을 경험하고 온 나의 국내 여행 에세이가 독자들에게 지금 당장 떠나고 싶은 마음이 들게 하는 스위치가 되었으면 좋겠다는 욕심을 부려본다. 개정판 작업을 진행하면서 계속해서 생기는 문제들 때문에 작업을 진행했다가 멈췄다가 반복하느라 너무 많은 시간이 지났다. 이미 흐른 시간에 대해서 누구를 탓할 수는 없기에 긍정적으로 얘기하자면, 다시금 여행이라는 축복이 우리 앞에 펼쳐지는 시기에 이 책을 마무리할 수 있어서 참 다행이라고 생각한다.

이제야 오랜 기간 숨통을 조여왔던 마스크를 벗어던지고, 마음껏 떠날 수 있는 세상이 다시 찾아왔다. 남몰래 아껴왔던 여러분의 무릎 연골을 사용하여 발걸음 닿는 대로 마음껏 떠날 수 있기를 진심으로 기원한다.

지난 여행을 추억하며 2023년, 두망(쪼렙여행자)

휴학하고 떠난 37일간의 나 혼자 전국 건축 배낭 여행기
어차피 사라질 연골이라면
ISBN 979-11-984093-0-0

두망 지음

인스타그램 @storyfarmer_dumang
메　　일 audrhkd0@gmail.com

발 행 일　1쇄 2023년 8월 28일
디 자 인　강소금 (@sogminthesea)
내 지 사 진　두망
표 지 사 진　richard hoang

가　　격　16,800원

이 책은 저작권법에 따라 보호를 받는 저작물입니다.
양측의 서면 동의 없는 무단 전재 및 복제, 수정을 절대 금합니다.